이대로 속고만 살 수 없다

이대로 속고만 살 수 없다

진짜와 가짜를 가려내는 _____ 미디어 리터러시

박민영
오승현
지음

북트리거

가짜 뉴스는 스스로
가짜라고 말하지 않는다

태어날 때부터 동굴에 갇힌 죄수들은 자신들이 보는 그림자가 실재한다고 믿습니다. 어느 날 동굴 밖으로 나갔던 한 죄수가 돌아와서 자신이 본 진짜 세상을 알려 주지만, 동굴이라는 세상에 익숙했던 다른 죄수들은 그가 자신들을 현혹한다며 죽이고 말지요. 플라톤의 저서 『국가 The Republic』에 나온 이야기로, 소크라테스가 제자 글라우콘에게 철학자의 역할을 말해 주기 위해 사용한 비유입니다. 진실의 살해를 보여 주는 장면이지요.

몇 년 전부터 '탈진실'(post-truth) 시대의 암울한 경고가 들려옵니다. 2016년 영국의 유럽연합(EU) 탈퇴(일명 브렉시트)를 결정짓는 국민투표와 미국의 대통령 선거에서 가짜 뉴스와 허위 정보가 넘쳤고 그것이 여론과 정치적 판단에 큰 영향을 미쳤습니다. 그해 말 영국의 옥스퍼드 사전은 '2016년 올해의 단어'로 '탈진실'을 뽑았습니다.

2017년 영국에서는 'post-truth'라는 제목의 책이 세 권이나, 그것도 같은 시기에 출간됐습니다.

인류 역사와 함께한 가짜 뉴스

지금이 탈진실의 시대라면 과거는 진실의 시대였을까요? 1500년대부터 유럽은 종교적 갈등으로 혼란한 상황에 빠졌고 그 안에서 살아남기 위해서는 누구라도 위선의 가면을 써야 했습니다. 두 세기 동안 어찌나 거짓이 널리 퍼졌는지 이 시기를 가리켜 '위선의 시대'라고도 부릅니다. 제2차 세계대전 때는 독일 국민 전체가 거짓말에 속아 넘어갔습니다. 아돌프 히틀러와 선전 장관 요제프 괴벨스 같은 선동가들의 프로파간다(propaganda, 사상이나 이념 등에 대한 허위·과장된 선전)가 600만 명의 유대인을 죽음으로 내몰았습니다. 이처럼 헛소문, 유언비어, 정치 공작, 여론 조작 등 가짜 뉴스와 비슷한 현상은 과거에도 많았습니다.

인간은 거짓말을 일삼습니다. 1년에 500~600번의 거짓말을 한다는 통계도 있습니다. 진화생물학자 대니얼 리버먼의 『우리 몸 연대기The Story of the Human Body』에 따르면, 인간의 듣는 능력은 별로 진화하지 않았지만 말하는 능력은 계속 진화해 왔다고 합니다. 우리가 남의 말을 듣기보다 자기 말만 잘하는 이유입니다. 이때 '자기 말'은 어떤 말일까요? 자신을 꾸미고 사건을 부풀리는 말일 때가 많습니다. 과장과 허풍이 전부 거짓은 아니더라도 100퍼센트 진실이라고 말할 수 없죠. 그뿐 아니라 인간은 때론 새빨간 거짓말도 서슴지 않습니다.

역사학자 유발 하라리는 인류 문명이 거대한 허구 위에 세워졌다고 주장합니다. 정치, 경제, 종교도 예외가 아닙니다. 경제를 떠받치는 화폐제도를 볼까요? 화폐는 그 자체로 아무 가치가 없습니다. 종이 쪼가리, 즉 허구에 불과합니다. 종이 쪼가리에 일정한 가치가 담겨 있다는 약속 아래 화폐와 물건을 주고받습니다. 종교는 어떨까요? 하라리는 "1,000명의 사람이 어떤 조작된 이야기를 한 달 동안 믿으면 그것은 가짜 뉴스다. 반면에 10억 명의 사람이 1,000년 동안 믿으면 그것은 종교다."라고 말합니다.

민주주의를 위협하는 가짜 뉴스 전성시대

오늘날의 가짜 뉴스가 과거의 거짓 정보와 다른 점도 있습니다. 유튜브, 카카오톡, 페이스북 등 소셜미디어의 발달로 누구나 쉽게 정보를 생산하고 전파할 수 있습니다. 철학자 장 보드리야르는 『시뮬라시옹^{Simulacres et Simulation}』(1981)에서 "정보는 더욱 많고 의미는 더욱 적은 세계에 우리가 살고 있다."라고 진단합니다. 미디어의 변화로 가짜 뉴스의 양이 늘어나고 확산 속도가 빨라졌습니다. 우리는 정보를 쉽게 얻을 수 있는 강력한 도구를 갖게 됐지만, 가짜의 힘은 어느 때보다 커졌습니다. 아이러니입니다.

언론인이자 작가 톰 필립스는 이런 상황을 '개소리 순환 고리'라고 이름 붙였습니다. A가 B에게 잘못된 정보를 전하고 C에게도 전합니다. C는 미심쩍었지만, 어느 날 다른 사람에게서 똑같은 말을 듣고 믿는 쪽으로 돌아섭니다. C가 D에게 그 정보를 전하고, D는 다시 A에게 전달합니다. A는 '역시 내 생각이 옳았다'고 더욱 확신합니다. 그러는 동안 더 많은 사람이 똑같은 얘기를 복수의 사람에게 들으면서 잘못된 정보는 어느새 상식이 됩니다. 이때 누군가 '정말 그게 맞아?' 하고 질문을 던지지만, 다수가 힘으로 억누릅니다. 이런 방식으로 소셜미디어는 민주주의를 좀먹습니다.

철학자 리 매킨타이어는 『포스트 트루스^{Post-Truth}』(2018)에서 "사람들의 입맛에 맞지 않는 전통 미디어의 사실 정보 대신 정확성이 검증되지 않았더라도 자신이 듣고 싶은 말을 들려주는 '뉴스' 기사만 클릭할 수 있게 되었다. 자신도 모르는 사이에 확증 편향을 강화시키는 행동을 하는 것이다. … 관심 있는 사건에 대해 소셜미디어의 '친구'들이 끊임없이 할 말을 쏟아 내는데 굳이 신문을 구독해야 할 이유는 무엇일까?"라고 말합니다.

가짜 뉴스의 진짜 문제는 사람들이 가짜 뉴스에 속는다는 점이 아니라, 진짜 뉴스조차 불신한다는 점입니다. 미국의 케이블 뉴스 채널 폭스뉴스는 도널드 트럼프 전 미국 대통령이 패배한 2020년 대선에서 투·개표기 시스템이 선거 결과 조작에 이용됐다고 보도했습니다. 가짜 뉴스였습니다. 이 가짜 뉴스의 대가는 컸습니다. 2021년 선거 결과에 불복한 트럼프 지지자들이 미국 국회의사당에 난입해 다섯 명이 숨졌습니다. 방송사는 어떻게 됐을까요? 가짜 뉴스의 대가로 1조 원이 넘는 손해배상금을 물어 주게 됐습니다. 투·개표기 제조업체 도미니언이 폭스뉴스를 상대로 소송을 제기했고, 2023년 4월 폭스뉴스가 1조 원의 손해배상금을 지급하기로 합의했거든요.

거짓을 못 보는 눈먼 자들의 세상

세상일을 참 아니면 거짓으로 쉽게 나눌 수 있다고 여기는 사람이 많습니다. 난무하는 허구들 가운데 가장 큰 허구는 세계가 참과 거짓으로 간단히 나뉜다는 생각일지 모릅니다. 안타깝게도 그 둘을 가르는 일은 결코 간단하지 않습니다. 역사는 인류가 사실 못지않게 허구를 열심히 추구했다는 점을 보여 줍니다. 또한 참과 거짓을 구분하는 일이 생각보다 어렵다는 점도요. 그렇다고 세상이 온통 거짓과 허구로 가득하고 어디에도 진실이 없다는 말은 아닙니다. 세계의 복잡성을 인정하되 진실을 포기해선 안 됩니다.

세상은 진실할까요? 언론은 편향되고, 기업은 사실을 부풀리고, 정치인은 유권자를 기만하고, 사기꾼은 누구든 속이려 들고, 장사꾼은 바가지를 씌웁니다. 사실이라는 벽돌을 가지고 거짓의 집을 짓는 경우도 흔합니다. 정치인이 잘하는 일입니다. 여론 조작의 정점은 사실을 말하면서도 거짓된 주장을 펴는 것이죠. 게다가 인공지능이 진짜 같은 가짜 정보를 생성하기도 합니다. 우리는 점점 더 많아지는 가짜 속에서 진실을 찾아야 합니다. 진실보다 거짓을 기본값(default)으로 여겨야 하지 않을까요? 적어도 뉴스를 접할 때만큼은 그런 태도가 유용해 보입니다.

진실과 거짓을 구분하지 못하는 눈먼 자들의 세상입니다. 의심하는 눈과 가려듣는 귀가 필요합니다. 일찍이 사상가 몽테뉴는 "우리는 가장 모르는 것일수록 가장 확고하게 믿는다."라고 말했습니다. 몇 번 클릭하고 모든 것을 알 수 있다는 자만이 탈진실을 부추깁니다. 잘 알지 못한다면 확신하지 말아야 합니다. 판단을 유보해야죠. 모든 지식과 정보는 완벽하지 않다고 의심하고 사실과 의견을 구분해서 바라보아야 합니다. 즉, 비판적 사고가 필요합니다. 이 책이 친절한 길잡이가 됐으면 좋겠습니다.

1장

오늘도
또 속았다

왜 엽기적인 뉴스는 아프리카 것이 많을까?

2021년 6월 14일, 한 신문에 엽기적인 기사가 실렸습니다. '아프리카 가나에 사는 30대 여성이 8년 동안 인육(人肉)으로 케밥을 만들어 판매한 혐의로 체포됐다'는 내용이었어요. 놀라운 일이 아닐 수 없습니다. 사람의 살로 음식을 만들어 팔다니요! 이후 이 기사 내용은 다른 주요 언론에도 연달아 실렸습니다.

기사가 다른 언론으로 퍼져 나가는 동안 내용은 더욱 자극적으로 변했습니다. 그 여성이 인육 케밥으로 벌어들인 돈이 자그만치 150억 원이라는 둥 '케밥 여왕'의 비밀 레시피가 납치한 아이와 유혹한 남자의 인육이었다는 둥 말이죠. 내용이 너무 충격적이라 포털 사이트에서도 대번에 사람들의 이목을 끌었습니다.

외국 황색언론 보도를 고스란히 베낀 우리 언론

기사가 우리나라에서 큰 이슈가 되자, 주(駐)가나 대한민국 대사관에서도 가나 정부에 사실 여부를 확인해 봤던 모양입니다. 결론은 사실무근, 즉 이런 사건이 발생한 적이 없다는 겁니다. 관련 사건이 가나 정부에 보고된 적도 없고, 인육 케밥을 팔다가 체포된 여성도 없다는 거였죠. 그러면 이 기사는 어떻게 국내 주요 언론에 실리게 된 것일까요?

SBS의 후속 보도를 통해 밝혀진 사실은 이렇습니다. 최초로 이를 보도한 《한국경제신문》이 출처로 표기한 매체는 가나의 인터넷 신문 세 곳(카사틴틴, 리디미스, 오페라뉴스)이었습니다. 문제는 이 인터넷 신문들이 대중의 흥미를 유발하는 소재라면 SNS에 떠도는 풍문까지도 사실 확인 없이 기사로 쓰는 '황색언론'이었다는 점입니다.

'인육 케밥'에 대한 기사도 그런 식으로 쓰인 것이었습니다. 한마디로 공신력 없는 매체의 믿을 수 없는 기사였지요. 그것을 전통 매체인 《한국경제신문》이 무턱대고 베껴 쓴 것이고요. 그러자 다른 언론들도 서로 달려들어 여기에 더 자극적인 내용으로 살을 붙여 가며 받아 적었습니다. 그것이 '인육 케밥' 보도의 실체였습니다. 기가 찰 노릇이지요.

그렇다면 우리나라 언론들은 왜 이렇게 믿기 힘든 기사를 베껴 썼을까요? 그 이유는 기사가 나간 뒤 대중의 반응이 말해 줍니다. 인육 케밥 기사는 앞서 말했듯이 보도되자마자 엄청난 대중의 관심을 받았습니다. 관련 기사를 클릭해서 본 사람도 많고, 여기에 댓글을 단 사람도 많았지요. 그러니까 클릭 수, 댓글 수 높이기에 안성맞춤이었던 것입니다. 이것이 바로 많은 언론사가 기사를 베껴 쓴 이유입니다.

아무리 클릭 수가 중요해도 그렇지, 사실 확인은 하고 써야 하는 것 아니냐고요? 맞습니다. 제대로 된 언론이라면 제아무리 흥미로운 기사라 할지라도 사실 여부를 검증하고 옮겨 적어야 합니다. 그런데도 왜 정론지를 자처하는 국내 언론들이 검증도 안 하고 베껴 썼을까요?

출처가 외신(외국 신문)이고, 사건도 외국에서 일어난 일이라 그렇습니다. '인육 케밥' 같은 기사는 우리나라 기자가 직접 취재해서 쓴 것이 아니라, 외신 기사를 베낀 것입니다. 그러므로 이를 옮긴 기자는 '내가 작성한 것이 아니므로 오보로 밝혀지더라도 내 책임이 없다'고 여기는 것입니다. 게다가 국내에서 발생한 일이 아니라 외국에서 일어난 사건이기 때문에 그 사실 여부를 확인하기도 힘들고, 사실 여부를 확인하자고 덤벼드는 사람도 드뭅니다. 그래서 부담 없이 베낍니다.

왜 하필 아프리카일까?

사실 아프리카가 관련된 가짜 뉴스는 예전에도 있었습니다. 2015
년에도 국내 언론사들은 「사람고기 팔다 걸린 호텔 식당 '충격', 주
민은 오히려 "그럴 줄…"」,[1] 「나이지리아의 '인육 레스토랑' 쇼킹…
식사하던 목사 "사람고기일 줄이야"」[2] 등의 기사를 게재했습니다.
영국 BBC와 《데일리메일》이 내보낸 오보를 검증 없이 옮긴 거였어
요. 2016년에는 '중국에서 인육 통조림을 만들어 아프리카에 팔고
있다'는 내용으로 논란이 된 잠비아 매체의 기사를 그대로 옮겨 싣
기도 했죠.

이 가짜 기사들의 공통점은 식인(食人)과 관련되어 있다는 것입
니다. 그리고 모두 아프리카와 연관되어 있습니다. 왜 하필이면 아
프리카일까요? 가짜 뉴스도 맥락이 필요하기 때문입니다. 가짜 뉴
스의 목적은 실제로는 가짜지만 그럼에도 불구하고 '사람들이 믿게
하는 데'에 있습니다. 사람들이 믿게 하려면 맥락이 필요합니다.

그 맥락을 구성하는 데 가장 좋은 방법은 사람들의 오래된 편견
을 이용하는 것입니다. 사실상 매우 오랫동안 아프리카 문화가 '야
만적'이고 '미개하다'는 편견이 이어져 왔습니다. 그 대표적인 상징
이 식인 문화지요. 여기서 길게 얘기할 순 없지만 식인 문화는 아프
리카에만 있었던 게 아닙니다. 그것이 미개함의 증거도 아니고요.

이대로 속고만 살 수 없다

아프리카 하면 식인 문화가 떠오르게 된 데는 서구 제국주의자들의 탓이 큽니다. 서구 제국주의자들이 자신들의 식민지 점령을 합리화하기 위해 식인 문화의 사례를 경쟁적으로 수집해 강조했거든요. 아프리카인들은 미개하기 때문에 우리의 지배를 받아 마땅하고, 서구의 지배가 오히려 이들을 문명화한다고 주장하기 위해서였습니다.

우리는 서구 유럽인이 아닙니다. 그럼에도 서구 제국주의의 영향을 많이 받은 까닭에 우리에게도 아프리카에 대한 편견이 있습니다. 그래서 '인육 케밥' 같은 기사를 보고 아프리카라면 그런 일이 가능할지도 모른다고 믿기 쉽습니다. 가짜 뉴스는 그런 심리를 어김없이 파고듭니다.

내가 알고 싶어지는
TMI

∘ 황색언론이란 무엇일까?

황색언론(黃色言論)은 원시적 본능을 자극하고, 흥미 위주의 보도를 함으로써 선정주의적 경향을 띠는 저널리즘이다. 언론 윤리를 저버린 채 지나치게 자극적, 편향적, 선정적인 기사를 주로 작성하는 언론들을 일컫는 말이기도 하다. 옐로저널리즘(yellow journalism)이라고도 부른다.

언론은 부동산을 좋아해!

　　2018년 여름, 한 신문에 「강남 아파트 3.3m²당 1억 시대…중개업소 "부동산 천장 뚫린 느낌"」[3]이란 기사가 실렸습니다. 서울 강남을 대표하는 한 아파트 단지에서 24평형 아파트 한 채가 24억 5,000만 원에 팔렸다는 내용이었죠. 이 기사는 큰 화제였습니다. 왜냐하면 이때만 해도 우리나라에서 평당 1억 원짜리 아파트가 출현한 건 처음이었거든요.

　　기사 내용은 삽시간에 퍼졌습니다. TV 뉴스에서도 크게 다뤄졌고, 각종 부동산이나 재테크 관련 TV 프로그램에 출연하는 강사·경제 전문가·부동산 전문가들에 의해서도 수차례 언급되었습니다. 부동산 관련 유튜버, 인터넷 커뮤니티를 통해서도 널리 알려져 그야말로 화젯거리가 되었지요.

가짜 뉴스가 진짜로 부동산값을 끌어 올린다

이 기사는 가짜였습니다. 그걸 어떻게 아느냐고요? MBC 시사 프로그램 〈당신이 믿었던 페이크〉에서 이 기사를 추적해 진위 여부를 밝혔기 때문입니다. 이 프로그램의 PD는 기사가 나왔던 시기 즈음해서 해당 아파트 단지에서 그 가격에 팔린 매물이 있는지를 확인했습니다. 실제로 팔렸다면 등기부등본이나 국토교통부 실거래가 공개시스템(rt.molit.go.kr)에 기록이 남아 있을 것이기 때문입니다.

그러나 그런 기록은 없었습니다. 심지어 그 가격에 팔려고 내놓은 아파트가 있었다는 증거도 없었습니다. 가짜 뉴스라는 것을 직감한 PD는 기사를 쓴 기자에게 연락해서 해명을 요청했습니다. 기자는 인터뷰 요청을 거절했지요. 기자뿐 아니라 해당 기사에 책임이 있는 언론사 팀장, 편집국장도 모두 묵묵부답이었습니다. 사실에 근거해서 기사를 썼다면 그럴 필요가 없는데 말이지요.

해당 언론사와 기자는 왜 이런 가짜 뉴스를 게재한 걸까요? 그것은 기사가 나간 후의 상황이 알려 줍니다. 앞서 말했듯 이 기사가 보도된 뒤에 '강남 아파트 평당 1억 원'이라는 말은 순식간에 확산되었습니다. 그리고 많은 사람이 그것을 믿었습니다. 그 후 어떤 일이 벌어졌을까요?

아파트값이 실제로 훌쩍 오릅니다. 그래서 '평당 1억 원'이 현실이 되었습니다. 부동산은 사람의 심리에 크게 의존하는 상품이라 그렇습니다. 이런 기사가 나가는 순간, 집 없는 사람은 '다시 부동산값이 뛰기 시작하는 거 아냐?', '더 늦으면 집값이 더 뛸 텐데 그러기 전에 빨리 사야 하는 거 아냐?' 하는 불안감에 휩싸입니다.

무주택자의 불안만 자극할까요? 아닙니다. 집주인인 주택 소유자에게도 큰 영향을 미칩니다. 강남에 아파트를 가진 사람들 가운데 팔려고 했던 집주인도 '평당 1억에 팔린 아파트가 있다던데, 나도 그 (이상의) 가격에 팔아야겠다'고 마음먹게 됩니다. 그러면서 아파트 가격이 훌쩍 뛰게 됩니다.

왜 언론사는 집값 상승을 부추길까?

이런 현상은 강남에 머물지 않습니다. 강남 아파트값이 뛰기 시작하면 서울의 다른 지역 아파트값도 오르기 시작하고, 나중에는 수도권 전체로 퍼집니다. 실제로 이 기사가 보도된 이후에 벌어진 상황이 그랬습니다.

그러면 이 기사 하나 때문에 수도권 전체 아파트값이 오른 것일까요? 그렇지는 않습니다. 부동산 가격이 오르고 떨어지는 것은 여러 요인이 작용한 결과입니다. 이 기사가 보도되기 전에도 부동산값은 조금씩 오르고 있었습니다. 이 기사는 그렇지 않아도 부동산 가격이 상승하고 있는데, 거기에 더욱 불을 붙인 것에 가깝습니다. 이런 기사가 나면 조금 뛸 부동산 가격이 더욱 많이 뛰고, 천천히 오를 부동산 가격이 더 빨리 오릅니다. 이 기사는 결국 부동산 가격을 폭등하게 하려는 목적에서 쓰인 것이라 할 수 있습니다. '평당 1억', '천장이 뚫렸다'라는 자극적인 표현은 그러한 의도를 적나라하게 드러냅니다.

사실 언론사들이 부동산 가격 상승을 부추기는 기사를 쓰는 일은 흔합니다. 이런 기사를 내보내는 이유는 많습니다. 우선 메이저급 언론사 간부와 기자들은 집값이 비싼 강남 등지에 아파트를 갖고 있는 경우가 많습니다. 부동산 가격 상승을 부추기는 기사를 써서 실제로 아파트값이 오르면 자신이 큰 이득을 얻습니다.

언론사 중에는 회사 차원에서 부동산을 많이 갖고 있거나 부동산 관련 사업을 겸하는 곳도 있습니다. 혹은 부동산 시장의 영향을 직접적으로 받는 건설사가 언론사를 소유하고 있기도 하고요. 이런 경우에도 부동산 가격이 오르면 큰 이득을 얻게 됩니다.

부동산 광고는 언론사의 주된 수입원 중 하나입니다. 여러분도 종종 본 적이 있을 거예요. 신문 한 면 전체를 차지하고 있는 아파트 분양 광고 말입니다. 부동산 광고가 언론사에 많이 들어오기 위해서는 부동산 시장이 좋아야 합니다. 부동산 시장이 좋아야 더 많은 건설사가 아파트를 짓고, 그것을 팔기 위해 신문광고를 할 테니까요.

그러나 부동산 가격 상승이 모두에게 이득이 되지는 않습니다. 집 없는 무주택자나 집이 있더라도 집값이 잘 오르지 않는 지방에 사는 사람들은 서울과 수도권의 집값이 너무 오르면 상대적으로 그만큼 가난해지는 것이나 다름없습니다. 집값 상승의 피해를 입는 것입니다.

∘ 국토교통부 실거래가 공개시스템이란 무엇일까?

국토교통부에서는 공공 데이터 개방, 실거래 자료 요청 증가에 따라, 부동산 거래 가격 및 거래 동향을 보다 정확하고 신속히 파악할 수 있도록 부동산 거래 신고제를 통해 수집된 실거래 자료를 공개하고 있다. 해당 시스템을 통해 주택, 공장 및 창고, 토지 등의 실거래가를 조회할 수 있다.

여성 연예인이 가짜 뉴스 때문에 죽는다고?

2019년 가을, 가수 설리(최진리)가 스스로 생을 마감했습니다. 갑작스러운 소식에 그와 절친했던 가수 구하라는 "네 몫만큼 열심히 살겠다."라며 추모 동영상을 찍어 올리기도 했지요. 그런데 한 달여 뒤 그녀도 극단적인 선택을 했습니다.

두 사람 모두 유명한 아이돌 스타였던 만큼 사건 직후, 사망 원인에 대한 말이 많았습니다. 언론들이 가장 많이 지적한 사망 원인은 무엇이었을까요? 바로 악플(악성 댓글)이었습니다. 대중의 악플이 두 사람을 죽음으로 몰아갔다는 것입니다.

1장 오늘도 또 속았다

설리 학대에 앞장선 언론

두 사람은 왜 유독 악플에 시달렸던 걸까요? 우선 두 사람에게는 공통점이 있습니다. 여성 연예인이라는 점입니다. 흔히 여성 연예인은 이중의 취약성을 가진다고 얘기합니다. 여성이라는 취약성과 연예인이라는 취약성 말이죠.

연예인이라는 직업은 대중의 관심과 사랑을 먹고 산다고 말합니다. 달리 말해 대중이 무관심하고 사랑이 식으면 먹고살기 어렵다는 말입니다. 인기가 많으면 큰돈을 벌기도 하지만, 인기가 식거나 대중적 비난의 대상이 되면 언제라도 나락으로 떨어질 수 있습니다. 그런 점에서 취약합니다.

같은 연예인이라도 남성과 여성은 차이가 큽니다. 많은 여성 연예인들이 '성적(性的) 대상'으로 소비되고 있는 현실 때문입니다. 연예인 관련 뉴스나 연예인 SNS에 달린 댓글들만 봐도 차이가 확연하게 드러나지요. 그곳에는 외모 품평과 비하, 사생활에 대한 지나친 관심과 조롱, 여성 혐오와 성희롱 발언이 눈에 띄게 많습니다.

생전에 두 사람은 SNS로 대중과 소통하기를 좋아했습니다. 그런데 통상적이지 않은 댓글들이 두 사람을 죽음으로 몰아갔습니다. 악플이 통상적인 수준을 넘어 폭발하게 된 계기가 있는데, 그것은 언론의 집중적인 조명 때문이었습니다.

설리의 경우 노브라가 직접적인 계기가 되었습니다. 그녀는 브래지어를 하지 않은, 편한 옷차림으로 인스타그램 라이브 방송을 하거나 사진을 찍어 SNS에 올렸습니다. 그런 모습에 반감을 표출하는 댓글이 달리기도 했는데, 여기까지는 있을 수 있는 일이었습니다. 문제는 그다음이었죠. 언론들이 이를 대거 기사화하기 시작합니다. 쏟아진 기사들의 제목은 이랬습니다. "설리, 노브라 운동…설마 SNS 전략인가?", "'시선 강간 더 싫어'…설리, 논란 이후 또 노브라 사진 공개 '당당'", "설리, 또 '노브라' 논란…SNS 19금 도발 언제까지?".

언론들은 설리에 대한 비난과 조롱의 댓글을 인용해 기사를 작성했습니다. 한마디로 '시선 강간이 싫다면서 노브라 사진을 올리는 쟤는 좀 이상한 애다, 관종 아니냐'는 것이었습니다. 이런 기사가 대거 쏟아지자, 기사마다 더 많은 악플이 달렸습니다. 언론은 그 악플들을 소스 삼아 다시 기사를 쓰고요. 악순환이었지요.

여성 연예인이 일상생활에서 속옷을 착용하느냐 마느냐는 개인의 자유일 뿐입니다. 그것은 사회의 보수적 관념에 어긋날지언정, 누구에게 피해를 주는 일도 아닙니다. 그런 모습을 찍어 SNS에 올리는 것도 '표현의 자유'에 해당하는 일일 뿐입니다.

설리는 그런 자신의 모습을 대중이 자연스러운 것으로 봐 주길 원했습니다. 여성 연예인이 성적 대상으로만 소비되는 것에도 불만을 갖고 있었고요. 열린 눈으로 보면, 설리의 행동은 전혀 모순된 것이 아니었습니다. 그런데도 언론은 설리를 수치심 모르고 뻔뻔하며 이상한 사람으로 몰아갔습니다.

근거 없는 악플로 가짜 뉴스를 만든 언론

이런 기사를 쏟아 낸 언론은 악플이 폭발할 줄 몰랐을까요? 언론은 오랜 경험을 통해 어떤 논조의 기사가 나가면 대중의 반응이 어떠할지를 다 압니다. 그렇게 보면 수많은 악플은 언론에 의해 유도된 것이라고 해도 무방합니다.

더 큰 문제는 기사에 인용된 악플 중에 근거 없는 비난도 많았다는 것입니다. 예를 들어 설리가 몽롱한 표정의 사진을 올리자, "마약하면 동공이 커지는데 설리도 그렇다."라는 댓글이 달렸습니다. 언론은 곧바로 이를 기사화했고요. 이것은 가짜 뉴스일까요, 아닐까요? 가짜 뉴스가 맞습니다. 기자가 직접 이 말을 한 건 아니지만, 아무런 근거도 없는 발언을 인용해 진짜로 그런 것 같은 착각을 불러일으켰으니까요.

한편 가수 구하라가 언론의 집중 조명을 받게 된 것은 남자 친구와의 불화 때문이었습니다. 폭언, 폭행, 사생활 동영상 유포 협박, 고소로 얼룩진 이 사건에서 언론이 보여 준 태도는 매우 불공정했습

이대로 속고만 살 수 없다

가수 겸 배우 고(故) 설리의 1주기인 2020년 10월 14일 광화문역에 걸린 추모 광고

니다. 어떤 언론은 구하라의 말만 듣고, 어떤 언론은 남자친구의 말
만 듣고 기사를 썼거든요.

　연예인의 사생활이 보도할 만한 가치가 있는지도 문제지만, (대중
이 알고 싶어 한다는 이유 등으로) 설사 그 가치를 어느 정도 인정한다손
치더라도 쌍방의 의견이 충돌할 때는 취재를 통한 사실 확인이 필
요합니다. 그렇지 않으면 가짜 뉴스가 될 확률이 높습니다. 그러나
언론들은 아랑곳하지 않고 기사로 내보냈습니다.

　특히 문제가 된 것은 사생활 동영상이었습니다. 남자 친구 측 변
호인은 "동영상을 먼저 찍자고 한 것도 구하라였다."라는 얘기도 언
론에 흘렸습니다. 기자들은 이 역시도 사실 확인 없이 곧장 기사화

했고, 네티즌들의 악플이 폭증했습니다.

언론은 가혹했습니다. 개인의 내밀한 정보가 담긴 산부인과 진료 기록까지 기사로 공개했습니다. 재판 과정에서 동영상을 판사에게 보여야 하는 모욕까지 당한 구하라는 스스로 목숨을 끊고 말았습니다. 설리와 구하라, 두 사람의 죽음은 언론 탓이 컸습니다. 두 사람을 죽인 건 악플이라는 언론의 진단은 뻔뻔한 책임 회피일 따름입니다.

○ 인터넷 실명제법은 존재할까?

설리의 안타까운 죽음 이후 국회에서는 '설리법', '최진리법'이란 이름의 '악플방지법', '인터넷 준실명제법'이 연이어 발의됐지만, 아직까지도 법으로 제정되지 못했다.

이대로 속고만 살 수 없다

자선단체의
가짜 광고

"유진이는 엄마와 단둘이 삽니다. 엄마는 오늘도 일자리를 구하러 가고 어린 유진이는 추운 집에 홀로 있는 것이 더 무섭기만 합니다." 이것은 유명 자선단체가 집집마다 보낸 홍보물에 쓰인 문구입니다. 아이가 추위에 떨면서 쪼그리고 앉아 있는 사진 옆에는 성금 지원을 독려하는 글과 함께 "유진이에게 ○○○○ - ○○○○로 희망의 문자메시지를 보내 주세요."라는 구절도 쓰여 있습니다. 그러나 홍보 문구의 전화번호로 문자메시지를 보내도 이를 읽을 유진이는 존재하지 않습니다. 유진이라는 이름도 얼굴도 가짜이기 때문입니다.

자선단체 광고는 연출된 것이다

실제 유진이라는 인물이 존재하지 않는데도 자선단체가 문자를 보내라고 한 이유는 무엇일까요? 사람들의 휴대전화 번호를 수집하기 위한 것입니다. 문자를 보낸 이들은 동정심이 많은 사람이니, 차후에 해당 자선단체가 전화해서 후원 좀 해 달라고 부탁하면 기부금을 보낼 확률이 높기 때문입니다.

우리는 각종 포털 사이트, 신문, 텔레비전 방송 등을 통해 일상적으로 여러 자선단체의 광고를 접합니다. 사람들은 흔히 이런 광고에 등장하는 인물과 상황이 진짜라고 믿습니다. 그러나 광고에 등장하는 아동이나 청소년은 연기자인 경우가 많습니다.

자선단체가 처음부터 연기자를 썼던 것은 아닙니다. 처음에는 진짜 후원 대상자들을 촬영해 광고로 내보냈어요. 그랬더니 문제가 발생했습니다. 어떤 문제였을까요? 후원 대상자들은 주로 비참한 생활환경에 처해 있는데, 자신의 비참함을 만천하에 공개하는 꼴이 되었기 때문입니다. 아무리 도움이 절실할지라도, 자신의 내밀한 부분까지 모두 드러내는 것을 좋아할 사람이 있을까요? 최근에도 한 자선단체가 저소득층 소녀에게 생리대 후원을 해 달라는 광고를 하고 있습니다. 이런 광고에 출연하고 싶어 하는 소녀가 있을까요? 없을 것입니다.

이대로 속고만 살 수 없다

이렇듯 후원 대상자를 광고에 출연시키는 것 자체가 인격·존엄성·사생활·초상권 침해에 해당합니다. 이런 비판 속에서 자선단체들은 하단에 "아동 인권 보호를 위해 대역과 가명을 사용했습니다." 라고 써 놓게 된 것입니다. 하지만 글씨는 작고 이미지가 부각되어 시청자 중에는 여전히 광고를 실제 상황으로 착각하는 경우가 많습니다.

물론 그럼에도 광고를 보고 후원하는 사람들이 늘어나서 어려운 이들이 더 많은 도움을 받으면 좋은 것 아니냐고 생각할 수 있습니다. 그렇지만 문제는 간단하지 않습니다. 자선단체의 도움이 필요한 사람들은 사실상 국가 복지의 대상이기도 하거든요. 사람들은 흔히 개별적인 기부나 후원이 복지의 사각지대를 메꿔 줄 뿐이라고 생각하지만, 국가가 책임을 미루는 일로 연결될 수 있습니다. 기부와 후원 사업을 통해 사회적 문제나 고통이 해결될 수 있다고 믿는 국민이 많아지면, 국가는 복지 정책과 복지 제도 실현을 위한 노력에 소홀하게 될 테니까요.

또 저소득층을 더욱 소외시키는 결과로 이어질 수도 있습니다. 이들을 광고에 노출시켜 도움을 받는 존재로 각인시키면, 많은 시민이 사회 빈곤 문제를 같이 해결해 나갈 협력자로 인식하지 않게 됩니다. 그저 동정해야 하는 계층으로 여기고 이들의 존엄성을 신경 쓰지 않을 위험성이 있지요.

후원 단체들의 왜곡된 마케팅

이러한 상황은 근본적으로 우리 사회에 존재하는 고통을 어떤 방식으로 해결할지로 연결됩니다. 국가 정책과 제도를 통해 해결하느냐, 개인적인 동정으로 해결하느냐 하는 것입니다. 복지 혜택을 받는 것은 국민으로서 누릴 당연한 권리지만, 기부나 후원을 받는 것은 남의 동정을 받는 것에 불과합니다. 그 둘의 차이는 엄청나게 큽니다.

자선단체의 광고가 후원 대상자의 비참함을 강조하는 것은 그 때문입니다. 사람들에게 연민과 동정심을 불러일으켜야 하거든요. 유독 후원 모금 광고에서 어린아이를 집중 조명하는 것도 그 때문입니다. 똑같은 비참함이라도 그 대상이 어린이라면 훨씬 많은 동정심을 불러일으키니까요. 그래서 불우한 가정에 대한 후원을 요청하는 경우에도 어린아이를 클로즈업합니다.

비참함은 인위적으로 연출되기도 합니다. 한 방송사와 국제 구호단체가 에티오피아에서 촬영할 때의 일입니다. 에티오피아 식수난 해결을 위한 모금을 독려하는 방송이었는데, 촬영을 하려고 보니 예상보다 물이 깨끗했습니다. 그러자 관계자들은 그 물 대신 소녀에게 웅덩이에 고인 썩은 물을 마시게 했습니다. 또 다른 국제 구호단체도 필리핀 모금 방송을 위한 촬영에서 어려운 환경에 있는 소녀의 옷차림이 생각보다 말끔하자, 방송 취지에 맞지 않는다며 낡고 더러운 옷으로 갈아입혔습니다.

오늘날에는 이 같은 방식의 광고를 일컬어 '빈곤 포르노'(poverty pornography)라고 꼬집습니다. 빈곤에 시달리는 사람들의 상황이나 사진, 영상 등을 포르노그라피처럼 자극적으로 연출하거나 묘사함으로써 동정심을 일으켜 모금을 유도한다는 거죠.

특히 빈곤 포르노로 인해 특정 지역과 계층에 대한 부정적인 편견이 생기고 있어 근절해야 한다는 목소리가 높지요. 하지만 지금도 많은 구호단체가 모금액 목표 달성을 위해 가난을 자극적으로 연출하고 있습니다.

포털 사이트, 신문, 텔레비전 방송을 통해 쏟아지는 자선단체 광고를 보면서 이런 의문을 가져 봤을지 모르겠습니다. '저렇게 광고하려면 엄청난 돈이 들 텐데, 그 돈을 불우한 사람들에게 그냥 나눠 주는 게 낫지 않나? 아니면 자선단체 광고는 공익성이 있어서 텔레비전이나 포털 사이트에서 공짜로 해 주나?'

포털 사이트, 신문, 텔레비전은 자선단체 광고를 공짜로 해 주지 않습니다. 할인도 안 해 줍니다. 당연히 광고비가 엄청나게 듭니다. 심지어 그 비중이 불우한 사람들에게 전달되는 후원금보다 더 많은 경우도 있습니다. 배보다 배꼽이 더 큰 것이지요.

그럼에도 광고를 열심히 하는 이유는? 자선단체 운영비 마련과 더불어 자신의 사회적 영향력을 키우기 위해서인 경우가 많습니다.

불편한 진실이지요.

○ **'빈곤 포르노'라는 말은 어디에서 유래했을까?**

빈곤 포르노의 개념은 '자선 캠페인의 황금기'로 알려진 1980년대에 처음 도입됐다. 당시의 자선 캠페인은 눈에 파리가 있는 영양실조 어린이 같은 강렬한 이미지를 사용했다. 일부 비평가들은 빈곤을 지나치게 단순화했다며 비판하면서 이러한 자선 캠페인의 선정주의를 빈곤 포르노라고 불렀다.

평양에 노무현 추모관이 있다고?

2021년 여름, 몇몇 언론사에서 황당한 기사 하나를 보도했습니다. 구글에서 제공하는 지도 서비스를 이용하던 네티즌들이 북한 평양의 김일성광장에 '더불어민주당 평양 본부'와 '노무현 분향소'가 있다고 제보해 왔다는 기사였습니다. 사실이라면 정말 놀라운 일이 아닐 수 없습니다. 대한민국 주요 정당의 본부와 지난 2009년 고인이 된 전직 대통령의 분향소가 평양에 있다니요. 제보를 받은 기자가 즉각 구글 지도에 들어가 '더불어민주당 본부'라고 검색해 봤습니다. 그랬더니 진짜로 평양 김일성광장 길 건너편에 '더불어민주당 본부'라는 이름의 건물이 나왔습니다. 김일성광장 한편에는 '노무현 분향소'라고 적혀 있고요. 이게 어찌 된 일일까요?

구글 지도에 누구나 엉터리 정보를 등록할 수 있다고?

기자가 여러 경로로 확인해 본 결과 그 장소들은 엉터리였습니다. 평양에 '더불어민주당 본부'라고 적힌 곳은 통일부가 북한 외무성으로 추정하는 건물이었거든요. '노무현 분향소'라고 쓰인 곳은 광장 한편의 작은 건물일 뿐이었고요. 그렇다면 이러한 장소 이름은 어떻게 구글 지도에 적히게 된 것일까요?

그것은 구글 지도가 누구나 장소 정보를 등록할 수 있는 개방형 시스템이었기 때문입니다. 구글 지도에서 특정 장소를 클릭하면 장소 이름을 입력할 수 있고 간단한 절차를 거쳐 등록이 완료됩니다. 누군가 이런 편의성을 이용해 가짜 지명을 등록시킨 것입니다. 한 방송 뉴스에서는 사실 확인을 위해 이런 과정을 시연해 보기도 했습니다. 구글 지도에서 방송국 근처의 한 건물에 실제로는 있지도 않은 '팩트체크'라는 빵집을 새로 등록해 본 겁니다. 그랬더니 한 시간도 안 되어 등록됐다는 회신 메일을 받을 수 있었습니다. 구글은 왜 개방형 시스템을 채택했을까요? 알다시피 구글은 세계적인 플랫폼 기업입니다. 그러나 제아무리 큰 회사라 해도 전 세계에서 시시때때로 이름이 바뀌는 상점, 건물, 길 등을 다 체크하기란 쉬운 일이 아니겠지요. 실시간으로 바뀌는 정보들을 일일이 확인하려면 엄청난 시간과 비용이 듭니다. 그래서 이용자들의 손을 빌려 왔습니다.

이대로 속고만 살 수 없다

예를 들어 볼게요. 파스타 가게를 새로 오픈한 사장은 이 식당이 구글 지도에 등록되길 바랄 겁니다. 구글 지도는 전 세계 여행자들이 가장 많이 이용하는 서비스 중 하나니까요. 구글 지도에 등록되어 있으면 그 자체로 가게 홍보도 되고, 손님도 늘 가능성이 있겠지요. 그래서 식당 사장은 구글 지도에 자신이 오픈한 가게 정보를 등록합니다. 그것은 구글 측에도 좋습니다. 구글로서는 업데이트된 정보를 이용자들에게 손쉽게 제공하게 되는 셈이니까요. 그런데 이용자들의 참여를 유도하는 이러한 시스템은 자칫 악용될 수도 있습니다. 앞에서 살펴본 것처럼 어떤 사람이 악의를 갖고, 혹은 장난으로 엉터리 정보를 등록하게 되면 어떨까요? 이용자들의 참여를 통해 '더 정확한 정보'를 제공하고자 했던 구글의 의도와는 반대의 결과에 이르게 됩니다. 물론 엉터리로 정보가 등록된 걸 알게 된 사람이 구글 측에 오류 신고를 할 수 있습니다. 이 역시 곧장 시스템에 반영되고요. 하지만 북한처럼 구글 지도 이용자 수가 현격히 적은 지역은 엉터리 정보가 한동안 남아 있을 가능성이 높습니다.

엉터리 정보가 가짜 뉴스가 된다

평양 김일성광장 건물에 '더불어민주당 본부'와 '노무현 분향소'

를 등록한 사람은 누구일까요? 알 수 없습니다. 구글은 등록자의 신원 정보를 노출하지 않기 때문입니다. 그렇지만 유추 불가능한 것은 아닙니다. 이 엉터리 정보를 등록한 사람은 민주당이나 노무현 전대통령을 싫어하는 사람일 가능성이 큽니다.

물론 장난으로 그랬을 수도 있지요. 하지만 장난이라고 하더라도 왜 하필 이런 장난을 했는지, 그 의도를 생각하지 않을 수 없습니다. 어쩌면 그 사람은 본인 장난에 만족해하며 한 건 했다고 낄낄대며 웃었을지 모르지만, 그 파급효과는 단순한 장난 이상이라는 것이 문제입니다. 이러한 장난은 가짜 뉴스로 악용될 가능성이 크기 때문입니다. 실제로 몇몇 극우 성향 유튜버는 잘못된 구글 지도 정보를 근거로 "충격! 민주당 본부가 평양에 있다" 같은 낚시성 제목을 단 영상을 여러 편 올렸습니다.

이런 터무니없는 뉴스를 누가 믿을까 싶지요? 그런데 실상은 그렇지가 그렇지 않습니다. 이들 영상에 달린 댓글을 보면 "우와~ 구글의 정보력 짱입니다.", "그곳에 좌빨당(좌익 빨갱이 정당) 본부가 있는 거 맞습니다. 모든 지령이 그곳에서 내려옵니다." 같은 무분별한 동조의 글이 넘쳐 납니다.

물론 이런 영상을 시청한 사람일지라도 주요 언론사의 사실 확인 보도를 보고 '잘못된 정보인가 봐' 하면서 생각을 바꿀 수 있습니다. 그러나 다른 언론 보도를 보지 못한 사람은 여전히 잘못된 정보를

이대로 속고만 살 수 없다

믿을지 모릅니다. 특히 요즘은 언론의 대중적 신뢰도가 많이 떨어져 있는 데다 우후죽순으로 늘어난 개인 방송 등 사람들이 즐겨 찾는 매체의 종류도 달라서, 오보를 바로잡는 언론 보도를 접하고도 진실을 받아들이지 않을 가능성마저 있습니다.

구글 지도에 표기된 잘못된 정보가 가짜 뉴스가 되는 데에는 구글의 잘못도 큽니다. 만약 그런 정보가 잘 알려지지 않은 업체가 만든 지도에 나온 것이라면 사람들이 쉽게 믿지 않겠지요. 구글은 세계 최대의 기업 중 하나입니다. 그 위상 때문에 사람들은 구글 지도의 정보를 철석같이 믿습니다. 따라서 구글은 아무리 시간과 비용이 많이 들어도 세계적 위상에 걸맞은 정보를 제공할 필요가 있습니다. 이용자들의 신고도 중요하지만, 허위 조작된 정보로 인한 피해가 생기지 않도록 데이터를 철저히 검수하고 등록하는 책임 있는 태도를 보여야 합니다.

○ **북한에서 구글 지도를 사용할 수 있을까?**

2013년 1월 29일부터 북한에서도 구글 지도를 사용할 수 있다. 다만 구글 지도에서 북한 지도를 보고 길 찾기가 가능한 까닭은 북한에 다녀온 여행객들이 직접 지도에 주요 지점과 도로를 추가하는 등의 작업을 했기 때문이다.

북한은 정말 마약 천국일까?

  2015년경부터 우리나라 종편(종합편성채널의 약자로, 케이블TV와 위성방송, IPTV 등을 통하여 뉴스·드라마·교양·오락·스포츠 등 모든 장르를 방송하는 채널을 가리킴)과 언론에서 놀랄 만한 뉴스가 흘러나왔습니다. 북한에 마약이 대대적으로 유행하고 있다는 겁니다. 당시 나온 뉴스 제목은 이랬습니다.

  "北서 마약 일상화…주민의 최소 30퍼센트 소비"(KBS)[4], "北 인권 단체 북한 주민들 마약 일상화"(YTN)[5], "北, 마약이 제2의 화폐로"(TV조선)[6], "전투력 높이려 인민군에 마약"(채널A)[7], "북한에선 마약이 인기 있는 설 명절 선물"(자유아시아방송)[8] 등 그야말로 북한 마약 관련 뉴스는 쓰나미급으로 쏟아져 나왔습니다.

엉터리 보고서가 만들어 낸 가짜 뉴스

탈북민들이 주로 출연하는 채널A의 예능 프로그램 〈이제 만나러 갑니다〉에서는 북한에서 아편은 만병통치약으로 여겨져 어디든 아프면 아편 가루를 먹는다는 증언이 나왔습니다. 시골에서는 집집마다 마당에 아편을 몇 개씩 심는다는 얘기도 나왔고요. 심지어 〈TV조선 뉴스 판〉(2017년 7월 종영)에서는 탈북자가 이런 말을 합니다. "젖 먹는 애들도 빙두(흔히 필로폰이라 부르는 마약)를 빤다고 해요. 배 안에서부터 빙두를 빨고 나온다고 해요." 신생아가 마약을 하다니요, 정말 황당한 이야기입니다.

마약 얘기는 탈북민 유튜브에도 등장합니다. 유튜브 '배나TV'에 따르면 북한에서는 사람들끼리 처음 만나면 "(마약) 한 방 할래요?" 하면서 인사한다고 했습니다. 유튜브 '한송이TV'에서는 북한 청소년들이 시험 볼 때 "(마약을) 한 코씩 하고 본다."라고 말합니다. 대학생들은 시험 기간에 잠을 쫓기 위해 필로폰을 투약하고 말이죠.

말만 들으면 북한은 완전 구제 불능의 나라입니다. 국가 최고지도자가 군인에게 마약을 권하고, 부모가 자식에게 마약을 먹이고, 마약이 화폐 대신 통용되는 나라가 정상일까요? 그것은 붕괴를 앞둔 나라고, 미친 나라입니다. 실제로 신문과 방송을 통해 이런 내용을 접한 시민들의 반응도 그랬습니다.

이 당황스러운 기사들도 MBC 프로그램 〈당신이 믿었던 페이크〉에서 진실인지를 추적했습니다. 우선 이 프로그램에서는 KBS, YTN,《매일경제》,《연합뉴스》등에서 보도한 북한 주민 30퍼센트가 마약을 소비한다는 내용의 출처를 확인했습니다. 출처는 사단법인 북한인권정보센터에서 나온 보고서였습니다.

그런데 보고서를 확인해 보니, 북한 내 마약 중독자가 30퍼센트라는 수치는 탈북민 18명을 면접 조사한 후 작성자가 유추해 작성한 것이었습니다. 고작 18명의 말을 듣고 북한 주민의 30퍼센트가 마약을 한다고 결론 낸 겁니다. 게다가 면접 대상인 18명 대부분이 북한 접경 지역(함경북도와 양강도) 출신의 마약사범들이었습니다. 다시 말해, 그들은 자신이 마약중독자이거나 마약 유통에 가담하면서 마약중독자를 많이 접한 사람들이었습니다. 그러니 체감 수치가 높을 수밖에요. 30퍼센트라는 수치는 마약사범들의 체감 수치를 일반화한 것이었습니다. 엉터리지요.

북한 뉴스에 가짜 뉴스가 많은 이유

문제는 이런 식의 엉터리 보도가 북한 관련 뉴스에서는 흔하다는 점입니다. 북한 관련 뉴스는 가짜 뉴스가 가장 많이 통용되는 분야입니다. 왜 그럴까요? 오보로 밝혀져도, 누구도 그것을 지적하거나 검증하거나 정정해 달라고 요청하지 않기 때문입니다. 만약 국내 문제를 보도했는데 그것이 오보였다면 관련 단체나 그로 인해 피해를 입은 사람들이 가만있을까요? 우르르 몰려와 따질 것입니다.

북한 관련 뉴스는 그렇지 않습니다. 북한 당국 또는 관련 인사들이 왜 가짜 뉴스를 퍼뜨리느냐며 남한 언론과 법적 공방을 벌이는 것이 불가능하기 때문입니다. 더구나 국내 언론사 기자들이 북한에 들어가 취재할 수 있는 상황도 아닙니다. 그러니 추측으로 써도 된다, 조금 틀려도 된다, 검증하지 않고 써도 된다고 여기기 쉽습니다. 북한 관련 뉴스는 정보의 출처도 밝히지 않고 게재하는 경우가 많습니다. 대개는 익명의 관계자, 소식통, 외교관, 미국 관리, 북한 전문가 등으로 표시될 뿐입니다. 누가 증언했는지 알 수 없으니, 진짜로 그렇게 말했는지를 확인할 길도 없습니다. 가짜 뉴스가 넘쳐 나는 이유입니다.

그러면 탈북민들은 왜 엉터리 증언을 하는 것일까요? 거기에도 이유가 있습니다. 탈북민들이 혈혈단신 남한으로 넘어와 살아가는 건 보통 힘든 일이 아닙니다. 이런 상황에서 탈북민이 생존하기 좋은 방법 가운데 하나가 '반공(反共) 시장'에 뛰어드는 것입니다. 북한에 대해 좋은 얘기를 하면 '빨갱이'라고 비난받지만, 방송에 나가 안 좋은 이야기를 하면 대접도 받고 돈도 벌기 쉽거든요. 그래서 종종 거짓말을 섞고 실제보다 과장해서 북한을 비판합니다. 탈북민의 증언이라고 해서 무조건 믿을 수 없는 이유입니다.

∘ 종합편성채널은 어떻게 만들어졌을까?

2009년 7월 22일 국회에서 통과된 신문법과 방송법 개정안에 의해 신문의 방송사 겸업이 가능해지고, 기업의 방송사 지분 소유 허용에 대한 규제도 완화됐다. 이른바 미디어법 개정으로 JTBC, TV조선, 채널A, MBN 등의 종합편성채널이 등장했다. 종편 개국 당시, 지상파와는 다르게 신문사와 대기업이 진입할 수 있고 외국 자본 참여가 가능한 까닭에 종편 소유 주체나 자본의 영향으로 공정성과 객관성을 흐리고 편향적인 프로그램이 생길 것이란 우려가 제기됐다.

가짜 청와대 국민청원

제19대 대통령인 문재인 정부에서는 2017년 8월 19일 '청와대 국민청원' 게시판을 신설했습니다. 청원 글이 공개된 시점으로부터 30일 이내에 20만 명 이상의 동의를 받은 청원에 대해서는 정부 및 청와대 관계자들의 답변을 받을 수 있도록 했지요. 문재인 전 대통령의 임기가 마무리된 2022년 5월까지 약 110만 건 이상의 청원이 올라오는 등 청와대 국민청원 게시판은 매우 활발히 운영되었습니다.

2023년 현재 윤석열 정부에서는 이를 대체하여 '국민제안' 시스템을 운영하고 있습니다. '국민제안'은 민원 처리에 관한 법률, 청원법 등 법률에 따른 비공개 원칙을 준수하고, 매크로를 이용한 여론 왜곡을 방지하기 위해 100퍼센트 실명제로 운용됩니다.

신뢰를 깬 허위 국민청원

2020년 봄, 청와대 국민청원 게시판에 "저희 25개월 딸이 초등학생 5학년에게 성폭행을 당했습니다"라는 제목의 글이 올라왔습니다. 내용은 이랬습니다.

'나는 평택에 거주하는 두 딸의 엄마인데, 이웃의 초등학교 5학년 아들이 놀러 와 하룻밤을 자고 갔다. 다음 날 딸의 기저귀를 갈아 주려는데 아이가 생식기가 아프다고 했다. 병원에 갔더니 성폭행이라는 소견이 나왔다. 좋게 해결하려고 가해 학생의 부모와 이야기해 봤는데, 증거 있느냐는 식으로 나와 너무 억울하다.'

사연을 올린 청원인은 가해 학생과 부모의 처벌을 요구했습니다.

이 청원 글은 곧 언론에 의해 대대적으로 보도되었습니다. 사연에 분노한 사람들은 청와대 게시판에 접속해 '동의'를 눌러 주었습니다. 20만 명 이상의 동의를 받은 청원에 대해 청와대가 답변해 주는 게 원칙이었기 때문입니다. 언론 보도 이후, 동의 참여 인원은 순식간에 53만 명을 넘어섰습니다.

경찰 조사 결과, 이 글의 내용은 거짓이었습니다. 청원인이 평택에 거주하고 25개월 된 딸이 있다는 것은 사실이지만, 그 외 모든 이야기는 꾸며 낸 것이었습니다. 가해자는 가공인물이었고, 가해 학생 부모와 주고받았다며 공개한 메시지 내용도 조작이었지요. 그러면 언론은 왜 이런 글을 사실 확인도 없이 베껴 쓴 것일까요?

포털 사이트에서 사람들의 클릭을 유도하기에 딱 좋은 내용이기 때문입니다. 초등학생이 유아를 성폭행하는 일은 쉽게 발생하지 않습니다. 당연히 사실 확인이 필요한 사건이지요. 그런데도 함부로 인용·보도함으로써 대량 오보가 났습니다. 그것은 기사 내용을 사람들의 호기심과 흥미를 자극하는 요소로만 봤기 때문입니다.

이런 선정적인 내용과 더불어 언론에 자주 인용되는 것이 있습니다. 바로 국민 사이의 갈등을 부추기는 내용입니다. 예를 들어 2021년 봄에는 여성 징병 대신에 소년병 징집을 검토해 달라는 청원이 언론에 보도되었습니다.

당시 '여성 징병'은 첨예한 사안이었어요. 남자들은 여성도 군대에 가라고 주장했고, 몇몇 정치인도 이에 합세해 여성 징병에 대한 검토가 필요하다고 주장했거든요.

이 청원은 언뜻 보기에 여성도 군대에 가야 한다는 주장에 반대하는 여성의 의견처럼 보였습니다. 왜냐하면 다음과 같은 내용이 쓰여 있었거든요.

'군인이 부족하면 중고 남학생을 군대에 보내라. 그 정도 나이면 충분히 군대 생활을 할 수 있다는 건 역사가 증명한다. 여성의 삶은 각종 가부장적 악습과 유리천장, 높은 여성 대상 범죄율, 출산 강요, 저임금으로 이미 지옥이다. 그런데 군역의 의무마저 지우려 하는 것

은 너무나 가혹하다. 여성으로 태어난 것이 죄냐? 우리는 더 이상 당하지 않겠다.'

이러한 청원 내용이 보도되자, 여성들에 대한 비난이 쏟아졌습니다. 자신들이 군대 가기 싫다고 어린 남학생들을 징집하라는 것이 말이 되느냐는 거였지요.

그런데 해당 국민청원은 곧 조작 논란에 휩싸입니다. 남초 커뮤니티(대체로 여성 혐오 시선을 지닌 남성들이 주를 이루는 커뮤니티)의 이용자인 남성이 여성 행세를 하며 쓴 것 아니냐는 의문이 제기된 것이지요. 남초 온라인 커뮤니티에서 페미니스트들을 궁지로 몰아넣기 위해 '소년 징병 대 여성 징병 프레임을 만들자'는 논의가 이루어진 정황이 포착되었기 때문입니다.

'국민이 물으면 정부가 답한다'는 국정 철학을 반영하고자 했던 청와대 국민청원 게시판

이대로 속고만 살 수 없다

자기 입맛에 맞는 청원만 보도하는 언론

문재인 정부가 국민청원 게시판을 만든 것은 국민의 목소리를 직접 듣고, 정책에 반영할 부분이 있으면 적극 반영하여 사회의 공정성을 높이겠다는 취지에서였습니다. 많은 국민이 국민청원 게시판을 이용하면서 그것이 사각지대에 놓였던 사회문제의 공론장 기능을 하게 된 것도 사실입니다. 그렇다면 국민청원 게시판에 올라온 글들을 인용·보도하는 것 자체가 잘못된 일은 아닙니다.

다만 원칙은 있어야 합니다. 우선 언론이 국민 여론이 이렇다고 들먹이며 국민청원 게시판을 인용·보도하려면 동의자 수가 최소 몇만 명에서 몇십만 명은 되어야 합니다.

앞서 언급한 '소년병 징집' 청원은 조작도 조작이지만, 보도 당시 동의자가 4,000명에 불과했습니다. 국민 여론이라고 볼 수 없는 수준의 수치입니다.

또 하나는 인용·보도하는 청원 내용이 보도할 만한 가치(공적 가치)가 있는 것인지를 따져 봐야 합니다. 그런 측면에서도 '소년병 징집' 청원은 탈락입니다. 어린 학생들을 군인으로 만들자는 견해는 인권의 측면, 교육권 보장의 측면, 전력(戰力)의 효율적 운용 측면에서 논의할 가치도, 정책으로 실현될 가능성도 없는 유치한 주장이니까요.

그런데도 언론이 '소년병 징집' 청원을 인용해서 게재한 이유는 왜일까요? 20대 남녀 갈등을 부추김으로써 클릭 수를 늘리고, 그를 통해 자사의 경제적 이익을 도모하기 위해서입니다.

포털 사이트에서 언론 기사를 읽으려고 클릭하면 기사 양쪽과 하단에 광고가 덕지덕지 붙어 있는 것을 보게 됩니다. 그런 광고들은 해당 언론사 광고가 아닙니다. 포털 사이트가 유치한 광고입니다. 포털 사이트는 기사 클릭 수에 따라 광고 수익의 일부를 언론사에 분배해 줍니다.

국민청원 내용 중에서 자신들의 마음에 드는 정치적 내용만 콕 찍어 보도하는 언론사도 많습니다. 예를 들어 우리나라의 주류 보수 언론들은 노동시간 단축에 반대하는 입장을 갖고 있습니다. 이들은 노동자 편이 아니라 기업 편이기 때문입니다. 그래서 훨씬 청원 양이 적고 동의 수가 적어도(심지어 동의자가 100명도 안 되는 것도) '노동시간 단축에 반대한다'는 내용을 찾아 소개합니다. 수많은 국민청원 글 중에서 자사의 정치적 입장에 맞는 내용만 다루는 것이지요. 이것은 사실상 여론 왜곡, 여론 조작이라 할 수 있습니다.

◦ '국민청원' 종료 이후, 국민 소통 창구는 어디일까?

청와대 국민청원은 문재인 대통령 퇴임과 함께 2022년 5월 9일 낮 12시
에 종료됐다. 뒤이은 윤석열 정부는 2022년 6월부터 '국민제안'이라는
이름으로 온라인 소통 창구를 개설했고, 대통령실 홈페이지를 통해 접속
가능하다. 그런데 청원 내용을 비공개에 부치는 형식으로 운영되어 여론
수렴과 공론장 역할에 취약하자, 30일 동안 국민 5만 명의 동의를 받아
청원서 제출 가능한 국회의 '국민동의청원'이 주목받고 있다.

미국 하버드대 교수의 거짓말

2021년 3월, 존 마크 램지어 미국 하버드대 로스쿨 교수가 국제 학술지에 쓴 논문 내용이 국내 언론에 대서특필되었습니다. 그도 그럴 것이 일본군에 의한 위안부 피해자를 돈을 벌기 위해 자발적으로 지원한 '계약직 성 노동자'로 규정했거든요. 강제로 끌려가 성 착취를 당한 성 노예가 아니라, 돈을 벌기 위해 몸을 판 '자발적 매춘부'라고 주장한 것입니다. 그는 위안부들이 돈도 많이 벌었다고 주장했습니다. 일본군 위안소가 위안부들에게 도쿄의 사창가보다 더 높은 임금을 줬다고요. 그에 따르면 위안부들의 계약 기간은 일반적인 매춘부 계약보다 짧은 2년이었습니다. 그런 위안부들이 2년 이상 위안소에서 일한 것도, 위안부들이 조선 내 모집책에게 속은 탓이지, 일본 정부나 일본군 탓이 아니라고 했습니다.

가짜 뉴스 만드는 학자

이것은 명백한 허위 사실 유포입니다. 일본 군부가 위안부에 직접적으로 개입했다고 입증하는 자료들은 다수 존재하거든요.

예를 들어 1992년 1월 11일, 일본군 위안부 문제 연구자인 요시미 요시아키 일본주오대 교수가 공개한 '육지밀대일기'(陸支密大日記)라는 일지(일본 방위성 방위 연구소 도서관에서 발견됨)에는 일본군이 위안부 설치 및 통제에 직접 관여했다는 구체적인 기록이 담겨 있습니다.

1940년 9월 19일, 일본 육군성이 병사들의 정신교육 교재로 이용한 「중일전쟁 경험으로 본 군기 진작 대책」이라는 문서 역시 위안소 운영에 군 수뇌부가 직접 개입했음을 보여 줍니다.

이 문서는 빈번한 민간에 대한 약탈, 강간, 방화, 포로 학살 등 행위가 군 위신을 실추시키고 있음을 지적하고, 이러한 상황을 타개하기 위해 위안소 설치 등을 지시하고 있습니다.

일본 정부 스스로 위안부 문제에 대한 책임을 다소 인정한 적도 있습니다. 1993년 8월 4일에 발표한 '위안부 관계 조사 결과 발표에 관한 고노 내각 관방장관 담화'에서 일본 정부는 "군이나 관헌의 관여와 위안부 모집과 사역에 있어서의 강제성을 인정하고, 문제의 본질이 중대한 인권침해였다는 사실을 승인한다."라고 밝혔습니다.

2021년 2월 서울 종로구 옛 일본 대사관 앞에서 열린 '일본군성노예제 문제해결을 위한 제1480차 정기수요시위'에서 한 시민이 마크 램지어 교수를 규탄하는 시위를 하고 있다.

　위안부들이 고수익의 '계약직 성 노동자'라는 것도 사실이 아닙니다. 위안부들은 일본군과 어떠한 계약을 맺은 적도 없습니다. 어디서 어떤 일을 하게 될지 모르는 상태에서 속아서 가거나 강제로 끌려갔습니다.

　일본군 위안소에서 주는 대로 받은 돈도 전쟁의 여파로 생긴 심각한 인플레이션 당시의 높은 물가를 감안하면 형편없는 수준의 것이었습니다.

왜 허위 사실을 유포했을까?

위안부 피해자에 대한 일본군의 만행은 이루 말할 수 없는 것이었습니다. 위안부 피해자 중에는 성 착취는 물론이고 병사들의 광적인 학대에 못 이겨 스스로 목숨을 끊는 경우도 있었습니다. 그뿐인가요. 1945년 8월 일본이 항복하면서 끝이 난 제2차 세계대전 종전 무렵, 일본군은 패전이 임박해 오자 위안부 여성들을 집단 학살 하고 달아나거나 심지어 총알받이로 앞장세웠습니다.

사람들은 흔히 오랜 세월이 흐르면 상처도 무뎌질 거라 생각하기도 합니다. 그러나 그렇지 않습니다. 이런 상처는 세월이 지난다고 해서 없어지는 것이 아닙니다.

피해자 할머니들은 여전히 '외상 후 스트레스 장애'(PTSD)에 시달리고 있습니다. 할머니들은 지금도 위안부 일을 떠올리면 여전히 진땀이 나거나 심장이 뛰는 등 신체적 반응을 느끼고, 불면증에 시달리거나 위안부 일과 관련된 악몽을 꿉니다.

이 고통은 위안부였던 할머니만 겪는 것이 아닙니다. 고통은 가족들에게도 전가됩니다. 피해자의 자녀, 손녀, 조카 등도 '외상 후 스트레스 장애 위험군'에 속해 있는 것으로 조사되거든요. 피해자 가족들은 "할머니 일을 떠올리면 괴로운 감정"이 들어 "생각하거나 말하지 않으려" 한다고 밝혔습니다. 그리고 할머니가 "얼마나 비참하고 억울했을까 생각하면 일본이 미운 것은 물론, 그런 일이 일어나도록 만든 한국 사회와 한국 사람들에 대해서도 화가 난다."라고 말하고 있습니다.

램지어 교수의 말은 위안부 피해자 할머니들과 그 가족은 물론이고, 우리 민족 전체의 가슴에 대못을 박는 것이었습니다. 그는 세계 최고의 명문대로 꼽히는 하버드대에서 20년간 교수로 재직한 법학자였습니다. 양심과 이성을 생명처럼 여겨야 할 학자가 왜 이런 망발을 일삼은 것일까요?

결국 돈 때문인 듯 보입니다. 그의 정식 직함은 '미쓰비시 일본 법학 교수'(Mitsubishi Professor of Japanese Legal Studies)입니다. 일본의 전범 기업인 미쓰비시가 하버드대에 기부한 돈으로 교수직이 만들어졌고, 램지어 교수는 1998년부터 '미쓰비시 교수'로 활동해 왔습니다. 램지어 교수의 월급과 연구비를 미쓰비시 기업이 부담한다는 뜻입니다. 미쓰비시가 지금까지 하버드대에 지원한 금액은 200억 원이 넘을 것으로 추산됩니다.

기업의 후원을 받는 교수가 있다는 것이 충격이지요? 그러나 이것이 드문 일은 아닙니다. 일본 기업과 일본 정부는 미국이나 영국에서 친일(親日) 학자나 연구자들을 길러 내기 위해 금전적 지원을 아끼지 않고 있습니다.

이런 사실은 대학교수나 학자의 말이라고 해서 무조건 믿어선 안 된다는 것을 보여 줍니다. 상식에 어긋나는 발언을 하는 교수나 학자가 있으면 그가 어떤 이해관계에 얽혀 있는지를 알아볼 필요가 있습니다.

∘미쓰비시는 어떤 기업일까?

미쓰비시는 오늘날 해운·항공·자동차·금융·전자·중공업·부동산 등 다양한 업종에 걸쳐 수많은 계열사를 가지고 있는 대기업으로, 일본의 대표적인 극우 기업, 전범 기업이기도 하다. 전범 기업이란 군납 물품 제조나 강제징용을 통해 이익을 얻어 이를 바탕으로 성장한 기업을 일컫는다. 1870년 설립된 미쓰비시는 제2차 세계대전 당시 군수 기업으로 성장했는데, 강제 연행한 조선인의 노동력을 착취해 기업의 몸집을 키웠다. 현재도 우리나라 산업 곳곳에 진출해 있으며, 극우 단체와 정치가를 후원하는 것으로 알려져 있다.

허풍 떨고 거짓말하는 대통령

  정치인에게 말은 무척 중요합니다. 정치는 사실상 말로 하는 것이기 때문입니다. 시민들은 그 말이 믿을 만한지, 그렇지 않은지를 따져서 정치인을 지지합니다. 그런데 정치인이, 그것도 대통령이 가짜 뉴스를 퍼뜨린다면? 황당하겠지요. 그런데 그런 일이 실제로 벌어졌습니다. 그것도 사람들이 흔히 가장 민주적인 나라라고 여기는 미국에서요. 그 대통령은 바로 2021년 1월에 퇴임한 도널드 트럼프입니다. 부동산 사업가였던 트럼프가 본격적으로 유명세를 타기 시작한 것은 TV 예능 프로그램을 통해서였습니다. 그러니까 트럼프는 사업가 겸 방송인이었다가 대통령이 되었습니다. 미국의 역대 대통령 가운데 국회의원이나 장관 같은 공직을 한 번도 경험한 적 없이 곧장 대통령이 된 사람은 트럼프가 처음입니다.

이대로 속고만 살 수 없다

예능인가, 정치인가?

잘 알다시피 TV 예능 프로그램은 시청자들에게 즐거움과 웃음을 주는 것이 목적입니다. 이를 위해서라면 다소의 과장, 설레발, 심지어 거짓말도 너그럽게 받아들여집니다. 사업가 겸 방송인이었던 트럼프도 그런 방식에 익숙한 사람이었습니다. 그런데 그는 방송에서의 인기를 바탕으로 정계에 진출한 후에도 똑같은 방식을 고수했습니다. 마치 예능 프로그램에서 하듯이 과장하고, 허풍 떨고, 나아가 허위 사실과 가짜 뉴스를 유포하는 데도 거침이 없었습니다.

예를 들어 트럼프는 2012년 트위터에 "아주 믿을 만한 사람이 오바마(제44대 미국 대통령인 버락 오바마)의 출생 증명은 가짜라고 알려줬다."라고 썼습니다. 당시는 오바마 대통령의 첫 번째 임기가 끝나갈 즈음으로 재선(再選)을 노리고 있을 때였습니다. 트럼프의 주장은 '미국은 속지주의(屬地主義)를 택하고 있으므로 오바마가 미국에서 태어나지 않았다면 미국인이 아니다. 그러므로 그는 대통령 출마 자격이 없다'는 것이었습니다. 그러나 이 발언은 거짓이었습니다. 오바마가 미국 하와이 출생이 확실하다는 것은 여러 경로로 증명되었거든요.

트럼프는 2017년 제46대 미국 대통령이 되고 나서도 가짜 뉴스를 많이 유포했습니다. 대표적인 것이 신종 코로나바이러스 감염증

코로나19에 대비해 말라리아 치료제를 일주일 넘게
매일 복용하고 있다고 말하는 도널드 트럼프

(코로나19)과 관련된 내용이었어요. 코로나19 확진자가 폭증하기 시작한 2020년 3월, 트럼프는 코로나19 태스크포스(TF) 브리핑에서 말라리아 치료제인 하이드록시클로로퀸을 코로나19 치료제 후보로 치켜세웠습니다. 그리고 5월에는 본인이 코로나19 예방을 위해 하이드록시클로로퀸을 복용하고 있다고 말했어요.

트럼프의 말이 언론에 크게 보도되자, 의학계는 효과가 있는지 여부에 의문을 던지며 환자의 증상을 완화시키거나 사망 확률을 감소시키는 증거를 찾지 못했다고 밝혔습니다. 미국 식품의약국(FDA)에서도 반론을 제기하고 나섰어요. 하이드록시클로로퀸이 심장박

동 이상 등 심각한 부작용을 불러올 수 있다고 경고하면서요. 국민의 생명과 안전을 지켜야 할 대통령이 가짜 뉴스로 오히려 더욱 국민을 위험에 빠뜨린 셈입니다.

언론과 트럼프는 좋은 동반자

미국은 우리나라와 달리 한 사람이 대통령을 두 번까지 할 수 있습니다. 트럼프도 첫 번째 재임 기간이 끝나 가자 재선에 뛰어들었어요. 그런데 지지율이 별로 좋지 않았습니다. 그러자 그는 '우편투표가 사기와 조작으로 이어질 수 있는 시스템'이라는 의혹을 담은 트윗을 줄기차게 날리기 시작합니다. 우편투표는 어떤 이유로 자신의 주소지를 떠나 있는 선거인이 타지에서 우편으로 투표하는 것을 말합니다. 우리나라의 부재자투표와 비슷합니다.

우편투표에 대한 트럼프의 공격은 근거가 없는 것이었습니다. 우편투표는 미국에서 오랫동안 선거에 사용되었고, 그동안 별문제가 없었거든요. 그러면 그는 왜 이런 발언을 했던 것일까요? 트럼프는 보수적인 공화당의 후보였습니다. 그런데 우편투표를 하는 사람 중에는 일반적으로 민주당 지지자가 많았습니다. 그래서 자신에게 불리한 우편투표 결과를 인정하기 싫었던 것이지요.

트럼프는 제46대 미국 대통령 선거가 끝난 후에도 '선거를 도둑맞았다'며 명확한 근거 없이 부정선거를 주장했습니다. 이에 MSNBC와 ABC, NBC 등 미국 주요 방송사는 대통령이 가짜 뉴스를 유포한다며 그에 대한 인터뷰를 중단하기도 했습니다. 심지어는 대표적인 친(親)트럼프 방송으로 여겨지던 폭스뉴스조차 증거를 제시하라고 따질 정도였습니다.

대통령이 퍼뜨린 가짜 뉴스의 효과는 컸습니다. 부정선거라는 트럼프의 주장을 믿은 지지자들이 선거 결과를 인정할 수 없다고 시위를 벌이면서 유리창을 깨고 국회의사당에 난입하는 일까지 벌어졌습니다. 국회의사당은 최루탄과 총성으로 순식간에 아수라장이 되었고, 경찰관 1명 등 총 5명이 숨졌습니다.

앞서 미국의 주요 언론들이 트럼프의 가짜 뉴스에 등을 돌렸다고 말했습니다. 그러나 미국의 민주주의가 이렇게 추락한 데에는 언론의 책임도 적지 않습니다. 트럼프가 방송인이었을 때부터 대중의 주목도를 높이기 좋다며, 그의 발언 하나하나를 세세하게 인용·보도한 것이 바로 언론이었기 때문입니다.

트럼프는 자신의 책 『거래의 기술Trump: The Art of the Deal』(1987)에 "미디어는 진실보다 논란을 더 좋아한다."라고 썼습니다. 가짜 뉴스, 허황되고 과장된 말은 논란을 만듭니다. 미디어의 속성을 잘 알고 있던 그는 언론을 적극 이용했습니다. 어떤 의미에서 늘 도발적인 멘

이대로 속고만 살 수 없다

트를 날리는 트럼프는 언론의 주요 파트너였습니다.

여기서 우리가 생각해 봐야 할 것은 언론이 메신저(메시지를 보내는 사람)에게 부여해 주는 권위입니다. 사람들은 기본적으로 언론을 믿습니다. 그런 언론에 어떤 사람의 말이 자주 실리면, 그의 정치적 영향력도 커질 수밖에 없습니다. 그의 말은 거짓일지라도, 그의 말이 언론에 실렸다는 것은 진실이기 때문입니다. 트럼프가 대통령이 될 수 있었던 것도 그 때문이었습니다.

◦ 제46대 미국 대통령 선거에서는 무슨 일이 있었을까?

2020년 11월에 치러진 제46대 미국 대선은 코로나19의 여파로 그 어느 때보다 많은 유권자가 사전투표와 우편투표로 선거에 참여할 것으로 전망되었다. 이에 당시 대통령이던 트럼프는 민주당이 요청한 우체국 관련 예산 승인을 거부하고, 우편투표가 조작될 수 있다는 근거 없는 주장을 계속하면서 자신이 승리하지 못하면 불복할 것이라는 여지를 남겼다.

실제 투표 결과, 미 대선 역사상 최고 투표율(66.8퍼센트)을 기록하며 민주당의 조 바이든 후보가 제46대 미국 대통령으로 당선되었다. 트럼프는 우편투표와 관련된 부정선거 의혹을 제기하며 법원을 상대로 투표 무효 소송을 제기했으나 승리하지 못했다. 트럼프 지지자들은 2021년 1월 6일 대선 부정선거를 주장하며 의사당에 무력 난입하는 폭동을 일으켰고 5명이 사망하고 850명 이상이 법무부에 의해 기소되었다.

2장

대체 왜!
알고도 속을까?

가짜 뉴스가
전 세계적 현상이라고?

혹시 '기레기'라는 단어를 들어 보셨나요? 기자와 쓰레기를 합쳐 만든 말인데, '쓰레기 같은 기자'라는 뜻입니다. 기자를 경멸하는 말이지요. 요즘에는 이 단어를 쓰는 사람들이 많습니다. '기레기'는 기자(언론)에 대한 사람들의 신뢰가 바닥을 치고 있음을 보여 줍니다. 그러면 외국은 어떨까요? 2019년 10월 한국언론진흥재단이 주최한 KPF저널리즘컨퍼런스에 참여하기 위해 국경없는기자회(RSF) 회장 피에르 아스키가 우리나라를 방문한 적이 있습니다. 프랑스인인 그는 기조 강연에서 "언론 불신은 전 세계적 현상"이라며 "프랑스에도 '기레기'와 유사한 '똥-미디어'라는 표현이 있다."라고 언급했습니다. 그리고 언론인들이 끝없는 자기반성을 통해 신뢰를 회복해야 한다고 강조했지요.

자본의 미디어 독점이 언론 공정성을 해친다

언론에 대한 불신은 왜 전 세계적 현상이 된 것일까요? 이유는 크게 두 가지입니다. 하나는 자본의 영향, 다른 하나는 디지털의 영향입니다. 우선 자본의 영향 측면을 살펴보죠. 언론은 여론을 주도하고 형성하는 공적인 일을 합니다. 그런데 사실 언론사 대부분은 그 자체로는 사적 이익을 추구하는 사기업입니다. 이로부터 근본적인 문제가 발생합니다. 사적 이익을 추구하면서도 사회 전체의 공적인 이익에 부합하는 보도를 하기란 정말 어렵거든요.

'기업의 인수합병'이라는 말이 있습니다. 하나의 기업이 다른 기업과 합치거나 다른 기업을 사들이는 일이죠. 언론도 기업이므로 인수합병이 일어날 수 있습니다. 하나의 언론이 다른 언론과 합쳐지면 당연히 규모도 커지고, 그에 걸맞게 사회적 영향력도 커집니다. 사회적 영향력이 커지면 언론사는 더 많은 돈을 벌 수 있지요.

대기업이 언론사를 사 버릴 수도 있습니다. 언론사는 쓸모가 많은 기업입니다. 대기업이 언론사를 소유하면 그 언론사를 통해 자사에 유리한 여론을 형성하기 쉽습니다. 또한 그를 통해 자사에 유리한 방향으로 정치인이나 관료 들에게 정치적 압력을 넣을 수도 있습니다. 대기업이 언론사를 갖게 되면 자사의 정치적 영향력이 매우 커집니다. 그것은 기업 운영에 큰 도움이 됩니다.

대기업이 언론사를 소유하는 일은, 말하자면 운동선수가 심판을 매수하는 것과 비슷합니다. 대기업이 언론사를 사 버리면, 언론사에 근무하던 기자들은 대기업의 정치적·경제적 이익을 위해 기사를 쓰는 신세가 됩니다. 그러다 보면 가짜 뉴스도 적잖이 섞이게 되고요.

여기서 나올 수 있는 질문이 있습니다. '언론에 대한 신뢰가 추락하면 독자들이 외면할 텐데, 그럼 결국 언론사에도 안 좋은 것 아닌가요?' 일리 있는 말입니다. 그런데 문제가 간단하지 않습니다. 언론사 경영자는 회사를 먹여 살리는 게 독자가 아니라 광고주라고 생각하기 때문입니다. 실제로 언론사 수익에서 독자의 구독료가 차지하는 비중은 얼마 되지 않습니다. 광고료 비중이 훨씬 큽니다. 그래서 경영자는 독자보다 광고주를 위한 기사, 적어도 광고주의 눈 밖에 나지 않는 신문을 만드는 것이 더 중요하다고 생각합니다. 기자들로 자신의 보도에 가장 큰 영향을 미치는 존재로 광고주를 꼽고 있습니다. 기자들이 광고주의 눈치를 보면서 기사를 쓰는 경우가 많다는 말입니다.

인터넷 뉴스 전성시대, 가짜 뉴스가 폭발하다

요즘에는 종이 신문을 보는 사람이 많지 않습니다. 텔레비전 방송에서도 여전히 뉴스가 나오지만, 뉴스 시간을 기다렸다가 보는 사람은 드뭅니다. 요즘에는 뉴스가 대부분 인터넷, 그중에서도 포털 사이트를 통해 소비된다고 해도 과언이 아닙니다.

그에 따라 언론사의 수익 구조도 변했습니다. 언론사가 포털 사이트에 기사를 제공하면, 포털 사이트는 클릭 수에 따라 광고 수익의 일부를 언론사에 나눠 줍니다. 그것이 주된 수익이 된 것이지요. 이에 따라 언론들은 누가 더 많은 클릭을 유도하느냐를 놓고 경쟁하게 되었습니다. 문제는 극단적이고, 선정적이고, 자극적인 기사들이 클릭을 유도하는 데 유리하다는 점입니다. 거기에 치중하다 보면 허위·과장·왜곡·편파 보도도 하게 됩니다. 그렇게 해서라도 더 많은 클릭을 유도한 기사는 회사에 수익을 안겨주고요.

가짜 뉴스는 네티즌이나 유튜버에 의해 만들어지기도 합니다. 네티즌이나 유튜버는 뉴스를 그냥 보기만 하는 게 아니라 퍼 나릅니다. 게다가 거기에 자신의 견해나 경험을 덧붙이는 경우가 많습니다. 그럴 경우 뉴스는 퍼 나른 사람에 의해 재해석되고 변형된 형태로 유포됩니다. 문제는 뉴스를 퍼 나른 네티즌이나 유튜버도 사람들의 관심을 끌려고 한다는 점입니다. 아마 여러분도 자신이 인터넷에 쓴 글에 '좋아요'가 많으면 기분이 좋아질 것입니다. 더군다나 유튜버들은 '좋아요'와 구독자 수가 많아지면, 그것이 경제적 수익으로 연결되기도 합니다. 사람들의 관심과 호응이 곧 돈이 되는 것입니다. 그 때문에 적극적으로 가짜 뉴스를 유포하기도 합니다.

오늘날 SNS나 인터넷 게시판, 인터넷 플랫폼을 통해 쏟아지는 정보의 양은 어마어마합니다. '정보의 홍수'라고 해도 지나치지 않습니다. 많은 정보가 난무하고 무엇이 진실인지 알 수 없는 상황에서는 가짜 뉴스가 활개 치기 좋은 환경이 되죠. 무엇이 가짜 뉴스이고, 무엇이 진실인지를 구별하기 위해서는 시간과 노력이 투자되어야 하는데, 먹고살기 바쁜 현대인들은 그럴 만한 여유가 없습니다.

이런 상황에서 사람들은 자신이 믿고 싶은 뉴스를 진실이라고 생각하기 쉽습니다. 어떤 뉴스가 객관성·정확성·공정성을 갖추어서 그것을 믿는 것이 아니라, 자신이 좋아할 법한 뉴스를 객관적이고 정확하고 공정한 뉴스라 여깁니다.

∘ 국경없는기자회는 어떤 곳일까?

국경없는기자회는 언론의 자유를 증진할 목적으로 1985년 프랑스의 전직 라디오 기자 로베르 메나르에 의해 파리에서 조직된 국제 비정부기구다. 전 세계에서 언론 자유 증진 및 언론 상황 감시 활동 등을 펼치고 있으며, 2002년부터 매년 언론자유지수를 발표하고 있다.

가짜 뉴스를 판별하는 기관이 없다고?

2014년 4월 16일에 발생한 세월호 침몰 사고를 기억할 것입니다. 사회적으로 큰 충격을 안겨준 대형 참사지요. 이 사건은 처음 보도될 때부터 가짜 뉴스가 판을 쳤습니다. 대다수 언론이 '승객 전원이 구조되었다'고 보도해 혼란을 일으켰으니까요. 그 많은 언론이 이렇게 일사불란하게 오보를 낸 것은 매우 이상한 일입니다. 그리고 지금까지도 그 원인과 경과에 대해 명확하게 규명되지 않은 점도 놀라운 일이지요.

세월호 관련해 대표적인 가짜 뉴스는 또 있습니다. 바로 세월호 승객을 구조하기 위해 진도 팽목항으로 달려갔던 자원봉사자 홍가혜 씨에 대한 보도였습니다.

멀쩡한 사람도 감옥에 보내는 가짜 뉴스의 힘

한 종편 방송국으로부터 인터뷰 요청을 받은 홍가혜 씨는 현장에서 자신이 보고 들은 대로 인터뷰했습니다. 내용은 '민관 합동으로 대대적으로 수색과 구조가 이루어지고 있다는 언론 보도는 사실과 다르며, 오히려 해경이 구조를 방해한다'는 것이었습니다.

홍가혜 씨는 이 인터뷰 이후 많은 고초를 겪었습니다. 인터뷰가 나간 직후, 《스포츠월드》의 김용호 기자가 그녀를 사기꾼이자 관심병·허언증·과대망상증 환자로 몰아가는 기사를 지속적으로 썼거든요. 홍 씨가 10억대 사기 혐의로 경찰 조사를 받은 적이 있고, 유명 걸그룹 멤버의 사촌을 사칭하거나 모 야구선수의 애인을 사칭한 적이 있다는 등의 내용이었습니다.

한마디로 홍 씨는 이상한 사람이므로 그녀의 말은 믿을 게 못 된다는 주장이었습니다. 그녀가 한 말(메시지)이 사실인지 아닌지를 검증하는 게 아니라, 그 말을 한 사람(메신저)을 공격함으로써 발언의 신빙성을 없애는 기사였습니다. 이런 기사가 한번 나가자 다른 매체들도 이에 동조하는 기사를 엄청나게 쏟아 냈습니다. 이를 본 사람들 또한 그녀를 비방하는 악성 게시물과 악플을 줄기차게 달았고요.

그걸로 끝이 아니었습니다. 홍가혜 씨는 해경에 대한 명예훼손과 허위사실유포죄로 구속되었습니다. 그녀는 이 일로 무려 4년 6개월

김용호 기자를 명예훼손·모해위증 혐의로 고소한 홍가혜 씨

간 재판정에서 싸워야 했습니다. 그리고 결국 대법원의 무죄판결을 받았습니다. 김용호 기자의 기사도 모두 가짜 뉴스로 판명되었고요. 가짜 뉴스를 퍼뜨리는 데 앞장선 김용호 기자는 재판을 통해 어떤 죗값을 받았을까요? 고작 손해배상금 1,000만 원뿐이었습니다.

홍가혜 씨의 사례는 언론의 인터뷰 요청에 응한 평범한 시민이, 오히려 가짜 뉴스를 퍼뜨린 언론 때문에 감옥까지 갈 수 있음을 보여 줍니다. 문제는 홍 씨가 이렇게 무죄판결을 받았지만, 그 사실을 아는 사람은 드물다는 것입니다. 그녀를 비방하는 가짜 뉴스는 당시에 엄청나게 쏟아졌지만, 그녀가 무죄판결을 받았다는 소식을 보도한 언론은 드물거든요. 그래서 지금도 그녀를 허언증 환자로 기억하

이대로 속고만 살 수 없다

는 사람들이 많습니다.

가짜 뉴스 피해자를 구제해 주는 곳, 있다? 없다!

홍가혜 씨는 가짜 뉴스의 피해자였습니다. 이런 피해를 입었을 때 어떻게 해야 할까요? 가짜 뉴스를 판별해 주는 기관이 있으면 좋겠지만, 그런 건 없습니다. 홍 씨는 체포·구속되는 바람에 법정 투쟁을 벌일 수밖에 없었습니다. 그러나 법원은 소송 사건에 대해 법률적 판단, 곧 죄의 유무를 따지는 기관이지, 가짜 뉴스의 진실 여부를 판별해 주는 곳은 아닙니다.

현재로서는 가짜 뉴스의 피해를 입었을 때, 피해 구제를 요청하기에 가장 적합해 보이는 공공 기관은 언론중재위원회입니다. 언론중재위원회는 언론 보도로 피해를 입은 사람이 구제받을 수 있도록 도와주는 곳이라고 되어 있거든요. 근데 말이 좀 묘하지요? 피해자를 구제해 주는 곳이 아니라 구제를 '도와주는' 곳이라니 말입니다.

이 말의 의미는 이렇습니다. 피해자를 구제해야 하는 것은 그 당사자입니다. 자신이 자신을 구제해야 한다는 말입니다. 언론중재위원회가 하는 일이란 피해자 자신이 본인을 구제하고자 노력할 때, 그것을 옆에서 도와줄 따름이라는 겁니다. 피해 구제에서 언론중재위원회는 한 발짝 옆으로 비켜서 있음을 알 수 있습니다.

언론중재위원회는 말 그대로 양쪽 당사자(피해를 호소하는 사람과 언론사)가 타협에 이를 수 있도록 '중재'하는 곳이지, 가짜 뉴스인지를 조사하고 판단해 주는 기관이 아닙니다. 가짜 뉴스인지를 조사할 권한도 없고요. 중재가 잘 이루어지면 정정보도, 반론 보도, 추후 보도, 손해배상 등을 받을 수 있긴 합니다. 그러나 그것은 말 그대로 '중재가 잘 이루어졌을 때'의 이야기입니다.

중재가 잘 이루어지려면 무엇보다 언론사의 협조가 필요합니다. 그런데 언론사가 그렇게 따라 주는 경우는 매우 드뭅니다. 언론사 입장에서는 가짜 뉴스를 보도했음을 인정하는 것이 자신의 권위를 실추시키는 일이기 때문입니다. 게다가 언론은 힘이 셉니다. 특히 주류 언론사라면 자본력과 사회적 영향력이 상당하지요. 반면에 피해자는 힘이 약한 경우가 많습니다. 피해자가 개인일 때는 더욱 그렇고요. 언론사가 순순히 타협에 나설 이유가 별로 없지요.

문제는 피해 구제를 '도와주는' 것도 확실한 피해자가 존재하는 경우에만 가능합니다. 가짜 뉴스 중에는 피해자가 특정되지 않는 경우도 많습니다. 예를 들어 북한 관련 가짜 뉴스가 그렇습니다. 이렇게 국가나 사회 전반에 해를 입히는 가짜 뉴스는 민원을 넣는 경우가 드뭅니다.

누가 봐도 확실한 가짜 뉴스라면 언론중재위원회가 언론사에 시정을 '권고할 수 있다'고 되어 있습니다. 그러나 '권고'는 법적 강제성이 있는 게 아닙니다. 그것은 말 그대로 '귀사에서 보도한 이러이러한 기사가 가짜 뉴스라는 말이 있으니, 안 그러는 게 좋지 않겠습니까?' 하고 타이르는 것에 불과합니다. 이러한 권고를 받아들일지 말지는 언론사 마음입니다.

○ **언론중재위원회는 어떤 곳일까?**

언론중재위원회는 준사법적 독립 기구로 1981년 3월 31일에 설립되었다. 조정·중재를 통해 언론 보도로 인한 분쟁을 실효성 있게 구제함으로써 언론의 자유와 국민의 인격권이 조화를 이룰 수 있도록 노력한다.

포털 사이트는 언론일까, 아닐까?

앞서 말했듯이 요즘 사람들은 뉴스를 네이버나 다음 같은 포털 사이트에서 주로 봅니다. 뉴스를 보기 위해 각 언론 사이트에 들어가거나 종이 신문을 구독하는 사람은 드뭅니다. 이런 행동은 언뜻 보기에 별문제가 없는 것처럼 보이기도 합니다. 그러나 둘 사이에는 큰 차이가 있습니다. 우선 언론 사이트, 종이 신문에서 기사를 보는 사람은 자신이 어떤 매체를 보고 있는지를 압니다. 예를 들어 자신이 《동아일보》를 보고 있는지 《한겨레》를 보고 있는지 의식하면서 읽습니다. 그러나 포털 사이트에서 뉴스를 보는 사람은? 자신이 본 기사가 어떤 언론사의, 어떤 기자가 쓴 것인지를 대체로 기억하지 못합니다. 기억하는 것은 '네이버나 다음에서 이런 내용의 기사를 봤다'는 것뿐입니다.

비슷한 논조, 색깔 없는 신문들

인터넷이 지금처럼 발달하기 전에는 사람들이 주로 종이 신문을 통해 최신 정보를 얻었습니다. 특히 예전 사람들은 신문마다 논조가 달랐기 때문에 특정 신문을 골라 구독했어요. 세상에 일어나는 많은 사건 중에 '무엇을 주목할 것인가', 그것을 '어떻게 바라볼 것인가'가 신문마다 차이가 났거든요. 그런데 지금처럼 어떤 매체가 기사를 썼는지도 기억하지 못하는 일이 벌어지면 어떻게 될까요?

언론사들은 세상을 바라보는 자신의 관점이나 색깔을 만들어 나갈 이유가 사라지게 됩니다. 언론사의 명예를 걸고 책임감 있게 기사를 작성해야 할 필요도 사라지고요. 힘들여 좋은 기사를 써 봤자 어느 매체에서 쓴 것인지 기억해 주지 않으니 그럴 필요가 없는 것이지요.

언론사로서는 많은 시간과 노력을 들여 좋은 기사를 쓰는 것보다, 내용이 부실하더라도 제목을 선정적으로 붙여서 포털 사이트에 내보는 게 경제적으로 훨씬 이득입니다. 그것이 클릭을 더 많이 하게 만들기 때문입니다. 물론 클릭한 사람 중에는 별 내용도 의미도 없는 기사에 '아, 내가 제목에 낚였구나!' 하고 후회하는 경우도 있겠지만, 아무려면 어떻습니까. 어차피 어떤 매체에서 그런 기사를 썼는지도 기억하지 못하는데요.

이처럼 기사가 주로 포털 사이트를 통해 소비되면, 언론의 관심사는 '어떻게 하면 세상을 바라보는 우리의 관점을 전달할 수 있을까?'보다 '어떻게 하면 기술적으로 독자의 클릭을 유도할 수 있을까?'에 집중됩니다.

기자가 좋은 기사를 쓴다는 것은 쉬운 일이 아닙니다. 해당 사안에 대한 많은 자료를 정리해야 하고, 사실관계를 확인해야 하고, 그 사안에 대해 잘 알 만한 사람들을 찾아가 인터뷰도 해야 합니다. 그리고 그것을 독자들이 쉽게 이해할 수 있도록 정성 들여 기사를 작성해야 하지요.

반면에 사람들이 클릭할 만한 기사를 쏟아 내는 것은 오히려 쉽습니다. 앞서 말한 것처럼 국내외의 다른 언론에 실린 기사 중에 사람들이 호기심을 가질 만한 것을 골라 적당히 베끼면 됩니다. 혹은 청와대 국민청원 게시판, 연예인이나 방송인들의 SNS 같은 곳에서 사람들의 관심을 끌 만한 발언을 적당히 부풀려서 소개해도 되고요. 인터넷 커뮤니티 같은 곳에서 떠도는, 사실관계가 확인되지 않은 소문을 기사화할 수도 있지요. 이런 기사는 발로 뛰는 취재도 필요 없습니다. 그냥 컴퓨터 앞에 앉아 인터넷 서핑만 하면 됩니다. 일은 편한데, 돈은 더 됩니다. 가짜 뉴스를 포함한 저질 기사가 많아진 이유입니다.

포털 사이트가 어떤 뉴스가 소비될지 결정한다고?

포털 사이트에 대해 갖는 오해가 있습니다. 포털 사이트는 사심 없이 공간만 제공하고, 언론사들이 거기에 뉴스를 채워 넣는다고 생각하는 것입니다. 그러나 포털 사이트는 '뉴스 편집권'을 갖고 있어요. 뉴스 편집권이란 기사를 편집하고 배열하는 권한을 말해요.

별것 아닌 것처럼 보일지 모르지만, 뉴스 편집권은 막강한 권한입니다. 왜냐하면 사람들이 어떤 뉴스를 주로 보게 할지를 결정하기 때문입니다. 사람들은 주로 포털 사이트 메인 페이지나, 뉴스를 검색했을 때 상위에 뜬 기사를 봅니다. 순위 아래에 있어서, 검색했을 때 여러 번 클릭해야 뜨는 기사는 잘 안 봅니다.

이런 이유로 포털 사이트의 뉴스 편집권 행사는 사람들이 세상을 어떻게 바라보고 어떤 생각을 하는지에도 큰 영향을 미쳤습니다. 사람들은 정보와 지식을 기반으로 생각합니다. 그런데 그 정보와 지식을 포털 사이트가 통제하고 있습니다. 사람들은 자신이 아는 것을 기반으로 생각하고 말한다고 여기지만, 실은 포털 사이트에서 본 기사를 자기 생각처럼 여기고 말하는 경우도 많습니다.

뉴스 편집권에 대한 논란은 많았습니다. 사람들이 보기에 포털 사이트의 기사 배열 기준이 공평하지도 않고, 그 배열에 어떤 정치적 의도가 숨어 있는 것 아닌가 하는 의구심이 드는 경우도 적지 않았거든요. 그럴 때마다 포털 사이트 기업이 내세우는 말이 있었습니다. 기사 배열은 인공지능(AI)에 의한 알고리즘(algorithm)이 정하는 것이지, 그들이 정하는 것이 아니라는 것이었습니다.

포털 사이트가 이렇게 이야기하는 이유가 있습니다. 자신들은 '중립적인 플랫폼'이라고 주장하고 싶은 것입니다. 하지만 인공지능 알고리즘이 중립적일까요? 알고리즘도 사람이 만듭니다. 알고리즘에는 사람의 의도가 얼마든지 투영될 수 있어요.

혹자는 사람의 의도가 투영된 알고리즘은 잘못된 것이라고 말합니다. 사람의 의도가 투영되지 않은 알고리즘이 필요하다는 거지요. 하지만 이것은 불가능합니다. 사람이 만든 모든 물건에는 사람의 의도가 투영될 수밖에 없으니까요. 오히려 이 점을 인정하고, 사회적 논의를 통해 사회 전체를 위한 알고리즘을 만드는 데 해결책이 있습니다.

포털 사이트는 하나의 사기업입니다. 그렇지만 인터넷을 이용하는 모든 사람이 포털을 통해 지식과 정보를 얻는다는 점에서 매우 공적인 역할을 수행하고 있습니다. 그런 점에서 포털 사이트가 알고리즘을 어떻게 구성하느냐의 문제는 매우 첨예한 사회적 문제입니다. 그런데도 포털 사이트는 알고리즘을 공개하라는 사회적 요구가 불거질 때마다 '기업의 영업 기밀'이라 알려 줄 수 없다는 입장을 취하고 있습니다. 포털 사이트의 알고리즘은 한 기업의 영업이익에 국한된 문제가 아닙니다. 포털 사이트의 영향력은 압도적입니다. 따라서 포털 사이트는 알고리즘의 책임성과 투명성을 높이자는 사회적 요구에 적극 응해야 합니다.

이러한 문제의식이 점차 커지자 정치권에서는 포털 사이트의 편집권을 최소화하기 위한 움직임이 있었습니다. 그 결과, 2022년부터 기존 알고리즘 추천 및 랭킹 방식은 종료되고, 이용자가 직접 언론사를 선택할 수 있는 '구독형' 서비스가 도입됐어요. 언론사가 뉴스, 사진, 동영상 등 다양한 형태의 기사를 직접 편집해 '보드' 형태로 발행하면, 이용자가 이를 선택해 구독하는 식입니다. 뉴스를 배열하고 편집한다는 사실은 포털 사이트가 단순한 '플랫폼'이 아니라 '발행인'(publisher)이라는 것을 말해 줍니다. 그런 점에서, 포털 사이트는 언론입니다. 그것도 지식과 정보의 유통을 통제하는 자신의 독과점적 지위를 이용해 다른 언론과 기사를 자신들 앞으로 줄 세울 수 있는 막강한 언론입니다.

∘ 한국인은 뉴스를 어디서 가장 많이 볼까?

2021년 로이터저널리즘연구소에 따르면 한국인이 온라인 뉴스 이용 시 포털 사이트를 통하는 비율은 72퍼센트로 집계됐다. 이는 평균을 두 배 이상 웃도는 수치로 조사 대상 46개국 중 가장 높은 비율이었다.

가짜 뉴스에는 가짜 정보만 있을까?

가짜 뉴스란 무엇일까요? 단순하게 생각하면 말 그대로 '거짓된 뉴스'입니다. 그러면 가짜 뉴스의 내용에는 전부 가짜 정보만 들어 있을까요? 만약 전부 가짜 정보뿐이라면 가짜 뉴스는 오히려 큰 문제가 되지 않습니다. 왜냐하면 이런 가짜 뉴스에 속는 사람이 많지 않을 테니까요. 사람들은 바보가 아닙니다. 내용이 죄다 가짜뿐이면 사람들은 가짜 뉴스를 금방 구별해 낼 것입니다. 사람들이 가짜 뉴스에 속는 이유는 그것이 제법 그럴싸하기 때문입니다. 그럴싸한 거짓말을 만들어 내기 위해서는 진짜 사실이 어느 정도 포함되어 있어야 합니다. 그러니까 가짜 뉴스라 하더라도 그 내용의 일부는 진짜이고, 그 진짜가 가짜 뉴스의 위력을 만들어 내는 것이죠. 바로 거기에 가짜 뉴스 제조 비법이 있습니다.

가짜 뉴스의 범주는 어디까지일까?

가짜 뉴스 문제를 고민하다 보면 '법으로 가짜 뉴스를 처벌하면 안 되나?' 하는 생각도 할 수 있습니다. 그러나 그게 쉽지 않습니다. 왜 그럴까요? 가짜 뉴스라는 말 자체가 너무 폭넓은 의미를 지니고 있기 때문입니다. 흔히 사람들은 가짜 뉴스 하면 거짓 뉴스를 떠올립니다. 하지만 가짜 뉴스의 범주는 훨씬 더 넓습니다.

예를 들어 뉴스가 아니면서 뉴스인 척하는 지라시를 가짜 뉴스로 볼 수도 있습니다. 지라시는 주의, 주장이나 선전을 위해 만든 종이 쪽지를 가리키는데, 사람들이 잘 알지 못하는 새 소식을 전한다는 점에서 뉴스의 성격을 갖고 있습니다. 그러나 누가, 언제, 어떤 이유로 작성했는지를 알 수 없다는 점에서 언론과 확연한 차이가 납니다. 또한 전통적인 편견에 기반한 소문이나 근거 없이 떠도는 풍문을 가짜 뉴스로 보는 것도 가능합니다. 이런 식으로 낱낱이 따지다 보면, 가짜 뉴스를 규정하는 일도 쉽지 않다는 것을 알게 됩니다. 가짜 뉴스에 대한 통계가 없는 것도 그 때문입니다. 범주가 명확해야 통계를 낼 텐데, 가짜 뉴스의 경계가 불분명하니 쉽지가 않지요.

그래서 가짜 뉴스라는 단어 대신 '허위 조작 뉴스'라고 부르자는 주장도 있습니다. 우리가 흔히 문제시하는 가짜 뉴스는 누군가가 '사람들을 속여야겠다'는 악의를 갖고 만들어 낸 뉴스를 뜻하니 허위 조작 뉴스라고 부르는 것이 더 적합하다는 의견입니다. 일리 있는 주장입니다. 그러나 이 단어가 대중화되기는 어려울 것 같습니다. 말이라는 게 부르기 좋고 직관적이어야 하는데, 허위 조작 뉴스는 말이 길고 어렵습니다.

허위 조작 뉴스의 논리는 가짜 뉴스의 핵심이 고의성, 악의성에 있음을 지적합니다. 그런데 이렇게 범주를 줄여도 법으로 가짜 뉴스를 단속하기란 쉽지 않습니다. 왜 그럴까요? 뉴스 생산자에게 그런 나쁜 의도가 있었는지 명백히 밝혀내기 어렵기 때문입니다. 어떤 기사가 사실과 다른 가짜 뉴스로 판명이 났다 합시다. 그렇더라도 기사를 쓴 기자는 '나는 독자들을 속일 의도가 전혀 없었다'고 발뺌할 수 있습니다.

예를 들어 기자가 마감 시간이 너무 촉박해서 사실을 검증하지 못한 채 기사를 내보냈다고 변명하거나 해당 사안에 대한 배경지식이 부족해 충분히 분석할 만한 능력이 없었다고 호소하면 어떨까요? 혹은 지금의 시선으로 보면 가짜 뉴스지만, 기사를 쓸 당시에는 그것이 진짜라 믿고 썼다고 말한다면?

그렇다면 기자의 무능력이나 불성실함을 질타할 수는 있을지언정 그를 도덕적으로 비난하기는 어려울 것입니다. 물론 이런 말도 자신의 불순한 의도를 감추려는 변명일 수 있습니다. 그러나 그것도 변명인지 아닌지 밝혀낼 도리는 없습니다.

가짜 뉴스를 법으로 처벌하면 어떨까?

기자는 취재하는 사람이지, 수사관이 아닙니다. 검찰이나 경찰처럼 혐의가 있는 사람을 체포해서 심문할 수도 없고, 영장을 발부받아 관련 장소를 수색할 수도 없어요. 기자는 의심할 만한 사항이 있으면 취재하고, 그를 통해 사회에 의혹을 제기할 수 있을 뿐입니다.

완벽하게 진실로 확인된 것만 기사로 써야 하고, 그렇지 않을 경우 그에 대한 법적 책임을 져야 한다면 언론의 자유가 위축될 수밖에 없을 거란 의견도 충분히 일리가 있습니다. 언론의 주된 기능에는 국가권력에 대한 감시와 비판이 있습니다. 언론의 감시와 비판의 대상인 국가권력이 가짜 뉴스를 단속한다는 것 자체가 언론 탄압이나 언론의 자유를 위축시키는 일이 될 수 있습니다.

국가권력이 가짜 뉴스 유포자를 처벌할 경우, 가짜 뉴스를 명분으로 정권에 불리한 기사를 쓰는 기자나 언론을 탄압할 가능성도 있습니다. 우리나라는 1960년대부터 1980년대에 이르는 군사독재 시절에 언론 탄압이 심했던 나라입니다. 그 당시 군사정권은 자신에게 비판적인 기사를 쓰는 기자나 언론을 공익성을 해친다거나 체제불안을 야기한다는 이유로 탄압했습니다. 심지어 관련 기자를 감옥에 보내기도 하고, 언론사를 아예 없애 버리기도 했습니다.

물론 오늘날의 대한민국은 많이 민주화되어서 그렇게 노골적으로 언론을 탄압하는 일은 벌어지지 않습니다. 그럼에도 가짜 뉴스를 법으로 처벌하는 일에는 조심스러울 수밖에 없습니다. 민주화된 사회에서도 언제든지 선거를 통해 권위적인 정권이 들어설 수 있고, 그럴 경우엔 과거와 비슷한 일이 벌어지지 않으리라는 보장이 없거든요.

그러면 어떻게 해야 할까요? 그렇다고 가짜 뉴스가 판을 치는 상황에서 언론인들의 양심에만 맡겨 둘 수도 없는 노릇 아닐까요? 결론부터 말하자면 가짜 뉴스에 대한 법적·제도적 대응이 필요합니다. 구체적으로 어떤 대응이 필요한지는 뒤에 이야기하기로 하지요.

○ '증권가 지라시'는 언제 등장했을까?

1980년대 중반 시중 자금이 증권시장으로 유입되면서 증권사에는 '정보분석실'이라는 조직이 생겨났다. '증권가 지라시'라는 용어도 이때 처음 등장했는데, 주식 종목 같은 주요 내용을 간략히 정리한 A4 용지 한두 장짜리 문서를 뜻했다.

페이스북 내부 고발자는 무엇을 폭로했을까?

앞에서 트럼프 전 미국 대통령의 정치적 선동에 넘어간 사람들이 국회의사당에 난입한 사건을 언급했습니다. 그리고 거기에는 언론의 책임이 크다고 말했지요. 그런데 이 사건에서 언론 못지않게 큰 책임이 있는 기업이 있습니다. 바로 세계 최대 규모의 소셜미디어 플랫폼인 페이스북입니다. (2021년 10월 페이스북은 소셜미디어를 넘어 가상현실 분야로 사업을 확장하겠다며 회사 이름을 메타[Meta]로 변경했습니다. 그러나 지금 논의하고자 하는 문제 상황 당시를 고려하여 예전 이름인 페이스북으로 지칭합니다.)

페이스북은 2021년 10월 창사 이래 최대 위기에 직면했습니다. 페이스북 간부였던 프랜시스 하우건이 페이스북 내부 비리를 만천하에 폭로해 버렸기 때문입니다.

프랜시스 하우건이 내부 고발에 나선 이유

프랜시스 하우건은 본래 데이터 과학자였습니다. 페이스북에 다니기 전에는 미국의 유명한 빅테크 기업(big tech, 대형 IT 기업)인 구글, 핀터레스트, 옐프에서 일했지요. 주로 알고리즘 기반 제품을 개발하고 관리했던 그는 페이스북에서도 같은 일을 하기로 하고 2019년에 입사했습니다.

페이스북에서 맡은 업무 중에는 가짜 뉴스(misinformation)에 대한 대응도 있었습니다. 그러나 막상 업무를 진행하다 보니, 회사가 자신의 기대와는 전혀 딴판으로 돌아간다는 사실을 알게 되었습니다. 페이스북 CEO인 마크 저커버그를 비롯한 경영진이 회사의 이윤을 위해 가짜 뉴스를 방치하거나 오히려 가짜 뉴스의 유통을 부추기는 방식으로 알고리즘을 운영한다는 사실을 알게 된 것입니다. 경영진의 이런 방침 때문에 하우건은 가짜 뉴스에 대응하려고 해도 할 수가 없었습니다.

이런 참담한 문제점을 인식하고 퇴사하게 된 그는 몰래 빼낸 수만 페이지에 달하는 회사 내부 문건을 증거자료로 미국 상원과 언론에 넘기며 내부 고발자로 나섰습니다. 그리고 의회 청문회에 증인으로 출석해서 철저하게 이윤을 위해 도덕적·사회적 책임을 외면한 페이스북의 행태를 고발합니다. 그가 넘긴 자료에는 페이스북이 미국 대선을 앞두고 가짜 뉴스를 줄이기 위한 안전 시스템을 가동했지만, 선거 직후 이윤을 위해 안전 시스템을 가동하지 않았다는 내용도 포함되어 있었습니다. 이용자가 페이스북에 머무는 시간이 줄어 광고 수익이 악화되는 것을 원치 않았다는 겁니다. 그 결과 부정선거 주장이 일파만파로 퍼지고 국회의사당 점거 사태까지 낳았다는 것이지요.

아무리 그래도 일개 기업이 안전 시스템을 껐다고 이렇게 사람들의 생각과 행동이 달라질까요? 충분히 가능합니다. 페이스북은 세계적인 소셜 네트워크 서비스(Social Network Service, SNS) 시장의 독과점 기업이기 때문입니다. 2004년에 출범한 페이스북은 2012년에 사진 촬영과 공유에 특화된 인스타그램을, 2014년에는 모바일 메신저 왓츠앱을 인수하며 압도적인 영향력을 갖게 되었습니다. 현재 전 세계 인구는 80억 4,500만 명 정도로(2023년 기준) 추산됩니다. 그런데 페이스북(약 27억 명), 인스타그램(약 10억 명), 왓츠앱(약 20억 명)의 월간 사용자를 합하면 대략 57억 명에 이릅니다. 이 가운데 페이스북도 하고 인스타그램도 하는 중복 사용자를 뺀다 해도 전 세계 인구의 3분의 1 이상이 페이스북 산하 플랫폼을 쓰는 것으로 추산됩니다. 어마어마하지요. 어쩌면 자신은 페이스북을 하지 않으므로 페이스북의 영향을 받지 않는다고 생각하는 사람이 있을지 모르겠습니다. 그러나 문제는 간단치 않습니다. 프랜시스 하우건은 미국 의

2021년 소비자보호소위원회 청문회에서 증언하는
페이스북 전 수석 프로덕트 매니저 프랜시스 하우건

회 청문회에서 이런 말을 했습니다. "오늘날 페이스북은 우리가 보
고 듣는 정보를 고르고 통제합니다. 우리의 세계관이 페이스북의 영
향에서 자유롭다고 말하기 어려울 정도입니다. 페이스북을 안 하는
사람도 그 사람이 만나고 교류하는 사람들은 대부분 페이스북을 하
므로 마찬가지로 영향을 받습니다." 페이스북이 '인터넷 담화(여론)'
를 지배하는 제국이라는 말이 나오는 이유입니다.

이대로 속고만 살 수 없다

가짜 뉴스가 진짜 뉴스보다 빨리 퍼지는 이유

〈소셜 딜레마The Social Dilemma〉(2020)라는 다큐멘터리가 있습니다. 이 다큐멘터리에서 감독은 페이스북, 트위터, 구글, 유튜브의 전·현직 종사자들을 대상으로 인터뷰했어요. 여기에서 구글에서 디자인 윤리학자로 일했던 트리스탄 해리스는 "MIT 연구에 의하면 트위터에서 가짜 뉴스는 진짜 뉴스보다 여섯 배 빨리 퍼집니다."라고 하며, "거짓 정보가 회사에 더 이익이 될 수 있기 때문"이라고 밝혔습니다.

그는 왜 이렇게 이야기한 것일까요? 그것은 결국 돈 문제와 맞닿아 있습니다. 네이버·다음·구글 같은 포털 사이트건, 트위터·페이스북·인스타그램 같은 SNS건, 아니면 유튜브 같은 동영상 플랫폼이건 간에 이윤을 극대화하기 위해서 갖춰야 할 게 있습니다. 그것이 무엇일까요? 바로 중독성입니다. 중독성이 있어야 사람들은 더 몰입해서 오랜 시간 이런 플랫폼에 머물게 됩니다. 이용자들이 머무는 시간이 많을수록 플랫폼 업체들은 더 큰 돈을 벌고요.

그러면 어떻게 해야 이용자들을 오래 붙잡아 둘 수 있을까요? 이용자 개인이 좋아할 만한 콘텐츠를 추천하거나 검색 결과로 보여 주면 됩니다. 말하자면 '개인 맞춤형 추천', '개인 맞춤형 검색 결과'라고 할 수 있죠. 예를 들어 어떤 사람이 유튜브에서 트로트 영상을 몇 번 찾아보면, 유튜브 알고리즘은 '아, 이 사람이 트로트를 좋아하는구나'라고 파악하고, 그 이후에는 자동으로 트로트 영상들을 재생시켜 주는 식입니다.

유튜브가 개인 취향에 맞춰 이용자에게 서비스를 제공하는 건데, 그것이 왜 문제가 되느냐고요? 이에 대해 컴퓨터과학자로 가상현실(virtual reality)이란 용어를 처음으로 고안하고 상용화한 재런 러니어는 이렇게 말합니다. "위키피디아는 검색하는 모두에게 똑같은 결과를 보여 준다. 만약 위키피디아가 검색하는 상대에 따라 단어 검색의 다른 결과를 보여 주고, 그걸 통해 돈을 번다고 생각해 봐라. 그걸 공정하다고 말할 수 있나? 아닐 것이다. 이게 유튜브나 페이스북이 하는 일이다."

그나마 개인 취향에 따라 유튜브가 트로트를 틀어 주는 것은 사회에 별 해가 되지 않습니다. 그러나 이것이 사회적인 주제에 적용되면 어떻게 될까요? 점점 편협해지고 극단화될 겁니다. 왜냐하면 플랫폼이 '당신의 생각이 옳다'고 부추기는 콘텐츠를 주로 추천하고 검색 결과로 알려 주기 때문입니다. 그 콘텐츠가 사실인지, 거짓인지는 플랫폼 업체들의 관심사가 아닙니다. 그런 가짜 뉴스에 휘둘리다 자신과 생각이 다른 사람을 만나면? '저 사람은 왜 저렇게 멍청한 거야? 이해할 수가 없네' 하는 반응을 보이게 됩니다.

플랫폼은 '당신과 생각이 다른 사람은 차별하고 혐오해도 좋다'고 부추기는 콘텐츠도 보여 줍니다. 그 영향을 받은 사람들은 더욱 감정적이고 폭력적으로 반응하게 됩니다. 더구나 오늘날 현대인들은 각종 스트레스에 시달립니다. 엄청난 속도로 빠르게 변화하는 사회 속에서 먹고살기도 쉽지 않지요. 그런 상황에서 스트레스, 분노와 불만은 객관적 정보보다는 주관적 호소에 적극적으로 반응하기 십상입니다.

가장 큰 문제는 가짜 뉴스에 휘둘리다 보면, 사람의 태도도 변한다는 것입니다. 그런 사람들은 사실 여부와 상관없이 '자신의 의견과 다른 것'을 모조리 가짜 뉴스라고 인식하는 경향을 보입니다. 누군가 '당신이 인터넷에서 얻은 정보가 신뢰할 만한 것인지 따져 봤느냐'고 물으면 '그런 거 하나하나 따지기 시작하면 이 세상에 믿을 거 하나 없다'는 식으로 반응하기도 합니다. 전형적인 반(反)지성적 태도지요.

◦반지성주의란 무엇일까?

반지성주의(anti-intellectualism)는 '지성, 지식인, 지성주의를 적대하는 태도와 불신'을 뜻하는 말로, 미국의 역사학자 리처드 호프스태터가 창안한 개념이다. 이는 1950년대 미국 사회에 몰아치던 매카시즘의 광풍, 곧 정치적 반대자나 집단을 공산주의자로 매도하는 태도를 비판하기 위해 도입된 표현으로, 주로 파시즘·트럼피즘 등 극우를 비판하는 맥락에서 사용되어 왔다.

언론사는 👀 💬
망하지 않는다고?

우리나라의 언론 신뢰도는 형편없습니다. 매년 언론자유지수(Press Freedom Index)와 신뢰도를 평가하는 국경없는기자회와 로이터저널리즘연구소에 따르면, 세계 주요 40개 국가 중 우리나라의 '언론 신뢰도'는 28퍼센트로 아시아·태평양 국가 가운데 최하위입니다(2023년 기준). 쉽게 말해, 언론을 믿는 사람이 10명 중 3명에도 미치지 못한다는 뜻입니다. 반면에 우리나라의 '언론 자유도'는 47위로 아시아에서 1위입니다. 언론의 자유는 아시아에서 최대로 누리고 있다는 뜻입니다. 언론의 자유는 많이 누리는데, 언론 신뢰도는 꼴찌라는 사실은 무엇을 의미할까요? 이러한 사태를 만든 장본인이 바로 언론 자신이라는 말입니다.

언론은 억울하다?

군사독재 시절에는 언론인이 쓰고 싶은 글이 있어도 권력이 무서워 쓰지를 못했습니다. 특히 하달받은 '보도 지침'에 따라 기사를 작성해 언론의 질이 낮았고, 언론 신뢰도도 형편없었지요. 그러나 지금은 상황이 전혀 다릅니다. 어느 때보다도 언론의 자유를 최대한 누리고 있으면서도 언론의 신뢰도는 낮지요. 외부 압력으로 언론 신뢰도가 추락한 것이 아니며, 그에 대한 책임은 전적으로 언론에 있습니다.

언론으로서도 불만은 있을 수 있습니다. 왜냐하면 언론 신뢰도 추락의 배경이 되는 뉴스 소비의 인터넷화는 언론이 만든 것이 아니라고 항변할 수 있기 때문입니다.

맞습니다. 오늘날의 인터넷 환경은 언론이 만든 것이 아닙니다. 사람들이 주로 인터넷을 통해서 뉴스를 보게 된 현상도 언론이 유도한 것은 아니고요. 그래서 언론사들은 이렇게 주장할 수도 있습니다. 우리는 '뉴스 소비 인터넷화'의 피해자이고, 언론 신뢰도 추락은 그 피해의 증거라고요.

그런데 과연 그럴까요? 이를 판단하기 위해서는 역사를 돌아봐야 합니다. 군사독재 시절에는 분명 언론이 피해를 입었습니다. 그러나 모든 언론이 여기 해당되는 건 아닙니다. 일부 언론은 오히려 독재 권력의 나팔수 역할을 해 주면서 부귀와 영화를 누리기도 했습니다. 그러다 1987년 6월 항쟁(1979년 12·12 사태로 정권을 잡은 전두환 군사정권의 장기 집권을 저지하기 위해 일어난 범국민적 민주화 운동) 이후 민주화가 이루어지면서 언론들은 점차 독재의 사슬에서 풀려났습니다.

그 이후 언론들은 어떻게 했을까요? 언론의 자유를 바탕으로 자신에게 주어진 언론의 소임에 충실했을까요? 객관적인 사실을 바탕으로 한 건전한 여론 형성과 권력에 대한 비판과 견제라는 소임 말이지요. 불행하게도 그러지 않았습니다. 독재 권력하에서 적지 않은 언론이 정치권력에 투항했다면, 민주화 이후의 언론들은 시장 권력에 투항했습니다.

대부분의 언론사가 돈벌이에 몰두했습니다. 막상 언론의 자유가 주어지자, 그것을 언론의 사회적 소임을 다하는 데 쓰

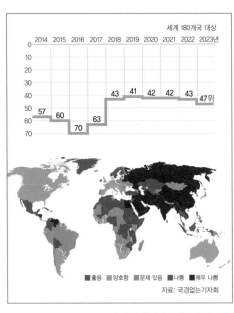

2023년 세계 언론자유지수 한국 순위

는 대신, 이윤을 추구하는 데만 쓴 것입니다.

물론 언론도 기업인 이상 이윤을 추구할 수 있습니다. 그러나 여론을 책임지는 공적 기관으로서 사회적 소임을 다하는 과정에서 이윤도 추구하는 것과 여느 사기업처럼 이윤만 추구하는 것의 차이는 큽니다.

언론의 포털 사이트 종속화도 그렇습니다. 디지털 시대가 도래해서 뉴스 소비가 포털 사이트 중심으로 이루어지는데도, 언론사들은 문제점을 따져 보고 극복하려는 노력을 별로 하지 않았습니다. 오히려 그에 편승해 수익 창출에 몰두했습니다. 그 결과 심층 취재보다는 클릭 장사에 골몰했고, 그 때문에 가짜 뉴스를 양산하게 된 것입니다.

'공짜 뉴스' 없는 세상에서
언론이 살아남는 방법

지금은 진입 장벽 없이 누구나 손쉽게 '개인 미디어'를 만들 수 있는, 그래서 아주 손쉽게 무제한의 '일방적 이야기'를 쏟아 낼 수 있는 디지털 시대입니다. 이러한 편의성의 부작용으로 SNS, 유튜브 등 소셜미디어에는 왜곡, 혐오, 증오, 가짜 뉴스 등이 넘쳐 나는 중이고요.

물론 개인 채널이 무분별하게 양산한 가짜 뉴스보다 언론사가 만든 기사가 더 문제라고 지적할 수도 있습니다. 팩트(fact)와 진실, 공정성과 정직성 등으로 대표되는 저널리즘의 기본은 사라지고, 수준 이하의 기사가 수두룩합니다. 툭하면 오보를 내고도 추가 조치가 없을뿐더러 낚시성 제목이나 달기 일쑤며, 속이 뻔히 보이는 광고성 기사나 한쪽만 두둔하는 편향적 기사를 내보내는 언론사는 예외가 아니라 보통입니다.

상황은 종말적입니다. 그런데도 망하는 언론사가 없습니다. 한국 언론의 불가사의입니다. 광고와 협찬이 반시장적·반자본주의적 방식으로 괴이하게 할당되고, 포털 사이트에 기생하여 어뷰징(abusing, 언론사가 온라인 조회 수를 높이기 위해 제목이나 내용을 바꿔 가며 같은 내용을 반복 송고하는 행위) 기사로 클릭 장사를 하는 등의 비정상이 빚어낸 결과입니다.

제대로 된 언론이라면 좋은 기사를 통해 독자를 확보해야 하지 않을까요? 즉 언론사 수입에서 구독료가 광고 수입보다 더 큰 비중을 차지하는 게 정상입니다. 그래야 독자의 눈치를 살피며 보도할 테니까요.

그런데 우리 언론 시장은 왜곡돼 있습니다. 한국언론진흥재단의 2022 신문산업 실태조사에 따르면, 종이 신문의 구독료와 광고 수입 비율은 19.6퍼센트 대 60.7퍼센트입니다. 인터넷 신문은 더 심하게 편중돼 있습니다. 구독료 매출은 2.8퍼센트에 그치고, 광고 수입 비율이 60.2퍼센트에 달합니다. 결국 오늘날의 신문은 많은 기업이 힘을 합쳐 만든 광고지와 다르지 않습니다.

한국언론진흥재단의 '2020 언론 수용도 조사 결과'에 따르면, 종이 신문 구독률은 2010년부터 10년 동안 29퍼센트에서 6.3퍼센트, 즉 5분의 1로 줄었습니다.

반면에 신문사의 유료 구독 부수는 789만 부에서 695만 부로 12퍼센트 줄어드는 데 그쳤습니다. 구독률은 끝없이 추락하는데 유료 부수는 거의 그대로인 이유가 뭘까요?

발행 부수를 유지해야 광고주에게 높은 광고비를 요구할 수 있습니다. 100만 부를 발행하는 신문사라면 100만 부를 근거로 광고비를 요구하겠죠. 이것이 구독률과 유료 부수 사이에 크게 차이가 나는 이유입니다. 신문사가 유료 부수를 허위로 부풀렸을 가능성이 크다는 뜻입니다.

신문사가 부수를 속여 광고 수입을 더 얻는 것은 시장 질서를 왜곡합니다. 더 큰 문제는 구독료보다 광고 수입에 의존할수록 신문의 질이 떨어진다는 것입니다.

세상에 '공짜 뉴스'는 없습니다. 언론사도 기업입니다. 언론은 돈을 지불하는 사람을 위한 뉴스를 만들기 마련입니다. 광고 수입에 대한 의존도가 높아질수록 독자보다 경제 권력의 눈치를 보게 됩니다. 언론이 바라봐야 할 대상은 독자가 되어야 할까요? 광고주가 되어야 할까요?

◦ 신문 부수는 어떻게 파악할까?

19세기 말 광고 산업이 발전하면서 인쇄 매체의 발행 부수를 검증하는 제도의 필요성이 제기됐다. 광고주가 투명하고 정확한 광고 집행을 위해서는 믿을 수 있는 구독자 수에 대한 공신력 있는 정보가 있어야 했기 때문이다. 광고주의 이러한 요구에 신문사도 호응하면서 1914년 ABC(Audit Bureau of Circulations), 즉 발행부수공사기구가 미국에서 처음으로 발족했다. 한국에서도 1989년 한국ABC협회가 설립돼 신문사가 보고한 발행 부수를 집계해서 발표해 왔지만, 특정 신문의 부수를 부풀렸다는 의혹이 짙어지면서 2021년 사실상 시장에서 퇴출되었다.

모든 표현을 보호해야 할까?

"허락받기 전까지 아무 말도 하지 말 것!"

영화 〈안테벨룸Antebellum〉(2020)에서 노예로 붙잡혀 온 흑인들에게 주어지는 첫 번째 규칙입니다. 노예는 발언권을 얻어야 말할 수 있었습니다. 신체의 자유도, 말할 자유도 없이, 오직 일할 의무만 있었지요.

한편 표현의 자유를 강조한 프랑스의 사상가 볼테르는 "나는 당신의 의견에 동의하지 않는다. 그러나 그렇게 말할 수 있는 당신의 권리를 위하여 끝까지 싸울 것이다."라고 말했습니다. 사람이라면 누구에게나 자기 의견을 말할 자유가 그만큼 소중하다는 뜻일 테지요.

표현의 자유와 민주주의

'표현의 자유'란 말 그대로 자신의 의견이나 생각을 아무런 억압 없이 겉으로 드러내 표현하는 자유로서 민주주의의 기본권입니다. 만약 여러분이 학교에서 신체의 자유가 침해당했다면 어떻게 해야 할까요? 항의해야겠죠. 항의의 수단이 바로 '말'입니다. 이처럼 표현의 자유는 그 자체가 중요한 기본권이면서, 다른 기본권을 보호하는 역할도 합니다. 말조차 자유롭게 할 수 없다면 다른 기본권도 보장받기 어려울 테니까요.

표현의 자유가 다른 기본권 보호의 교두보라는 점에서 민주주의 사회에서 언론의 자유, 표현의 자유는 무엇보다 중요한 가치입니다. 그래서 민주주의 사회라면 어느 나라나 역사 속에서 시민들이 표현의 자유를 쟁취하기 위해 피를 흘렸습니다. 언론은 표현의 자유를 실현하는 최전선에 서 있습니다. 언론의 자유가 없다면 민주주의는 지속될 수 없습니다. 독재는 언론 검열을 통해 유지됩니다.

우리는 군부독재 시절에 언론의 자유를 누리지 못했습니다. 그 당시 정부는 언론사에 날마다 '보도 지침'을 내려보냈습니다. 보도 지침은 특정 사건에 대한 보도 여부부터 기사의 방향, 제목, 내용, 기사 크기, 사진 선정까지 모든 보도 과정에 간섭했습니다. 정부는 보도 지침을 통해 정부에 유리한 치적이나 행사 등은 크게 널리 보도

106

이대로 속고만 살 수 없다

하고, 정부에 불리한 내용이나 사건 등은 보도하지 않거나 축소 보도하도록 세세하게 통제했습니다.

의견과 생각을 표현하고 타인과 소통하는 것은 자유롭고 개방된 사회에서 매우 중요합니다. 표현의 자유는 자기실현의 자유이자 민주적 의사 결정에 참여할 자유입니다. 자유로운 표현 행위는 사람이 자기답게 살기 위한 본성과 연결된 당연한 권리입니다. 또한 사회 구성원이 의사 결정에 참여하려면 표현의 자유가 반드시 보장돼야 합니다. 표현의 자유가 없다면 개인의 생각을 사회 의사 결정 과정에 반영할 방법이 없으니까요. 결국 누군가 정하고 이끄는 대로만 사회 구성원 모두가 따라야 합니다. 〈안테벨룸〉의 노예와 다를 바 없습니다.

가짜 뉴스는 표현의 자유일까?

표현의 자유가 중요한 가치라는 점은 분명합니다. 그렇다고 모든 표현을 자유로서 보호해야 할지는 의문입니다. 자칫 말하는 사람의 권리만을 고려하는 결과를 초래하게 될 테니까요. 말은 하는 사람과 듣는 사람 사이에서 이루어집니다. 따라서 듣는 사람의 권리까지 고려한다면 모든 표현을 다 보호해야 한다고 할 수는 없겠지요.

2장 대체 왜! 알고도 속을까?

19세기 영국의 자유주의 사상을 대표하는 철학자이자 경제학자 존 스튜어트 밀은 『자유론*On Liberty*』(1859)에서 "남에게 해를 끼치지 않는다면 사상과 표현의 자유를 조건 없이 누릴 수 있어야 한다."라고 주장했습니다. 밀은 '남에게 해를 끼쳐서는 안 된다'는 단서를 달았습니다. 다른 이에게 피해가 되는 표현은 '표현의 자유'로 보호받기 어렵다는 것입니다. 당연히 그런 표현은 규제가 가능하겠죠. 거꾸로 남에게 해를 끼치지 않는다면, 설사 도덕적으로 바람직하지 않은 표현이라도 사회의 자정 기능에 맡겨야지 국가가 강제로 규제해서는 안 된다는 점을 끌어낼 수도 있습니다.

그렇다면 가짜 뉴스는 어떨까요? 무엇이 가짜 뉴스인가에 대해서는 사람마다 의견이 다를 수 있지만, 많이들 인정하는 기준 중 하나는 '누군가를 속여 해를 입힐 목적'입니다. 가짜 뉴스는 분명 타인에게 해를 가할 목적을 지니고 있습니다. 나아가 사회적으로도 심대한 영향을 불러일으키고요. 따라서 가짜 뉴스는 보호해야 할 표현의 자유가 아닙니다. 거짓말을 마구 떠들며 타인에게 피해를 주는 행위를 표현의 자유로 보호해야 할 이유는 없습니다.

물론 이것이 가짜 뉴스를 곧장 처벌해야 한다는 논리로 이어지는 것은 아닙니다. 거짓말을 하는 것은 분명히 잘못입니다. 그렇다고 거짓말한 사람을 무조건 처벌하진 않습니다. 도덕적으로 비난할 순 있겠지만요. 타인에게 구체적인 해를 끼쳤을 때 거짓말은 처벌 대상

이대로 속고만 살 수 없다

이 됩니다. 사기죄처럼 말입니다. 거짓으로 남을 속여 이익을 꾀하고 다른 사람에게 손해를 입히면 사기죄가 성립합니다. 거짓말이 곧 범죄로 인정되는 대표적인 사례지요.

가짜 뉴스가 표현의 자유로 보호받을 수 없는 근본적인 이유는 진실이 아니어서가 아닙니다. 사람들의 판단을 왜곡하고 사회에 혼란을 주기 때문도 아니고요. 거짓된 정보가 무고한 사람에게 고통을 줄 수 있기 때문에, 가짜 뉴스는 표현의 자유로 보호하기 어렵습니다. 무고한 사람이라고 해서 모두 똑같지는 않습니다. 강자와 권력자를 향한 가짜 뉴스와 약자와 소수자를 향한 가짜 뉴스는 고통의 크기와 무게가 다릅니다. 사회적 약자와 소수자는 스스로를 보호할 사회적 자원이 적습니다. 그래서 거짓 정보로 인한 고통 역시 크고 오래갈 수 있습니다. 대체로 약자와 소수자는 더 많은 보호가 필요하며, 이는 가짜 뉴스에도 적용됩니다.

◦ 미국의 수정헌법 제1조는 무엇일까?

표현의 자유를 보장하는 권리로서 다음과 같다. "연방 의회는 국교를 정하거나 자유로운 신앙 행위를 금지하는 법률을 제정할 수 없다. 또한 언론, 출판의 자유나 국민이 평화로이 집회할 수 있는 권리 및 불만 사항의 구제를 위하여 정부에게 청원할 수 있는 권리를 제한하는 법률을 제정할 수 없다."

소셜미디어는 왜 가짜 뉴스의 진원지가 되었을까?

"빌 게이츠가 코로나19 바이러스 대유행을 만들어 냈다." 지난 2020년 신종 코로나바이러스 감염증으로 전 세계가 혼란했을 때 유튜브 등에 퍼졌던 코로나19와 관련된 가짜 뉴스입니다. 마이크로소프트의 창립자이자 자신이 운영하는 재단을 통해 세계 보건 위생에 큰돈을 써 온 빌 게이츠는 이런 음모론을 "정신 나간 소리"라며 한마디로 일축했습니다. 유튜브를 비롯한 소셜미디어는 코로나19 백신에 관한 가짜 뉴스의 온상이었습니다. 유튜브 측은 백신 관련 가짜 뉴스에 칼을 빼 들었어요. 2020년부터 코로나19 백신에 관한 가짜 뉴스 동영상과 허위 정보 계정을 삭제하기 시작했고, 2021년에는 코로나19 백신뿐 아니라 모든 백신에 대한 가짜 뉴스 영상과 허위 정보 계정을 삭제하며 단속에 나섰습니다.

이대로 속고만 살 수 없다

소셜미디어는 가짜 뉴스를 싣고

인터넷 사용 인구는 45억 명, 스마트폰 사용 인구는 39억 명, SNS 사용 인구는 35억 명에 이릅니다. 전 세계 인구의 절반 이상이 온라인으로 정보를 얻는 셈입니다. 국내 스마트폰 보유율은 93.4퍼센트에 달합니다. 스마트폰은 유튜브, 페이스북, 인스타그램, 카카오톡 등 각종 소셜미디어 이용을 크게 늘렸습니다.

뉴스 소비 방식도 크게 바뀌었습니다. 과거에는 신문과 방송 등을 통해 직접 뉴스를 접했습니다. 지금은 뉴스의 소비와 전파가 디지털 플랫폼을 통해 이뤄지는 시대입니다. 2000년대 이후에는 포털 사이트를 주로 이용했고, 최근에는 소셜미디어를 주로 이용합니다.

소셜미디어를 이용하면 자기 입맛에 맞는 뉴스를 쉽게 접할 수 있습니다. 또한 이를 다른 사람들과 간편하게 공유할 수 있습니다. 가령 카카오톡 단체방 등을 통해 급속히 퍼집니다. 공유와 확산이 매우 쉬운 것입니다.

소셜미디어는 허위 정보의 파편을 다수에게 빠르게 퍼뜨려 거짓의 몸집을 키웁니다. 온라인에서 퍼지는 허위 정보를 살펴보노라면, 가짜 뉴스를 '뉴스를 흉내 낸 허위 정보'로 한정하기 어렵다는 결론에 이르게 됩니다. 뉴스의 형태조차 갖추지 못한 허위 조작 정보가 댓글, SNS, 메신저 등을 넘나들면서 사람들의 판단력을 흐리고 있습니다.

　소셜미디어는 이용자의 관계와 신뢰를 기반으로 합니다. 그런데 바로 이 특성이 함정으로 작용하곤 합니다. 예를 들어 SNS를 통해서 가짜 뉴스가 퍼지기 쉽습니다. 이는 SNS가 친구를 맺은 사람들끼리 소통하는 공간이기 때문이지요. 친구나 지인 등 본인과 친분이 있거나 연결된 사람이 전해 주는 정보는 언론사나 전문 기관이 알려 주는 정보보다 믿음이 갑니다. 평소 믿고 있던 사람이 전해 준 뉴스이기 때문에 더욱 신뢰하는 거죠. 메신저를 신뢰하면 메시지도 신뢰하기 마련입니다.

　뉴스를 직접 보도한 언론사가 아닌 플랫폼을 통한 뉴스 소비에 익숙해지면 사람들은 더 이상 뉴스의 출처에 관심을 두지 않습니다.

소셜미디어의 이용자들은 지인의 '좋아요' 기사를 신뢰하는 경향이 있습니다. 정보의 출처에 관심을 덜 둔다는 뜻입니다. 이러한 틈새로 가짜 뉴스가 스며듭니다. 앞에서도 지적한 것처럼 뉴스의 출처를 물어봐도

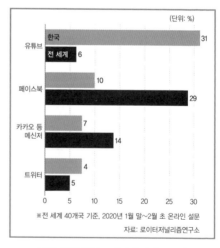

(단위: %)

유튜브　한국　31
　　　　전 세계　6

페이스북　10
　　　　29

카카오 등
메신저　7
　　　14

트위터　4
　　　5

0　5　10　15　20　25　30

※전 세계 40개국 기준, 2020년 1월 말~2월 초 온라인 설문
자료: 로이터저널리즘연구소

가짜·허위 정보로 가장 우려되는 플랫폼 조사

이대로 속고만 살 수 없다

사람들은 뉴스를 보도한 언론사의 이름을 거의 기억하지 못합니다. 그 대신 다음, 네이버, 페이스북 등 자신이 이용한 플랫폼을 기억하는 경우가 많습니다. 출처 불명의 온갖 정보가 퍼지기 좋은 조건이 만들어진 것입니다.

인터넷과 모바일이라는 편리하고 똑똑한 도구를 갖고도 사람들은 가짜 뉴스에 휘둘리고 있습니다. 어쩌면 이러한 도구의 편리함이 상황을 더 악화시키고 있는지 모릅니다. 인터넷과 모바일 덕분에 가짜 뉴스를 접하기 쉬울뿐 아니라 퍼뜨리기도 간단하기 때문입니다.

기술과 도구는 더 똑똑하고 편리해졌지만, 그것을 쓰는 사람은 전혀 똑똑해지지 못했습니다. 그러다 보니 가짜 뉴스에 더욱 휘둘립니다. 기술이 발달한 편리한 환경에 살지만 이를 제대로 이해하지 못한 채 사용하다 보니 가짜 뉴스가 기승을 부리는 겁니다.

유튜브, 가짜 뉴스의 온상

언론은 더 이상 유일한 뉴스 공급자가 아닙니다. 2000년대 이후 인터넷의 발달로 뉴스 생산과 유통의 진입 장벽이 낮아지자 다양한 뉴스 매체가 등장했습니다. 또한 1인 미디어가 활성화되면서 다양한 동기를 가진 이들이 담론 생산에 참여했습니다. 특히 2018년을 전후하여 폭발적으로 성장한 '유튜브 저널리즘'에 주목할 필요가 있습니다.

스마트폰을 통한 콘텐츠 소비에서 유튜브가 차지하는 비중은 매우 큽니다. 최근 전 세대에 걸쳐 유튜브 이용이 크게 늘었습니다. 한국언론진흥재단이 2019년에 시행한 조사에 따르면 청소년들의 유튜브 이용률은 98.1퍼센트에 달했습니다. 거의 모든 청소년이 이용한다고 봐야겠죠. 게다가 유튜브는 더 이상 젊은 세대의 전유물도 아닙니다. 한 조사에 따르면, 2019년 8월 기준 50대 이상의 월평균 유튜브 이용 시간은 20시간 6분에 이릅니다. 이는 10대(41시간 40분), 20대(31시간 22분)의 사용 시간보다 적지만, 30대(18시간 25분), 40대(14시간 7분)보다 더 길었습니다.

이제 사람들은 뉴스도 유튜브로 보기 시작했습니다. 한국언론진흥재단의 연구에 따르면, 2016년 페이스북을 통한 뉴스 이용률(24퍼센트)이 유튜브(16퍼센트)보다 높았습니다. 그런데 2020년에는 유튜브를 통한 뉴스 이용률(45퍼센트)이 페이스북(19퍼센트)을 넘어섰습니다. 이는 소셜미디어 사용자들이 뉴스를 이용할 때 텍스트보다 영상을 선호하는 쪽으로 전환됐다는 뜻입니다. 영상은 글보다 이해하기 쉽고 편리합니다.

바야흐로 우리는 문자의 시대에서 영상의 시대로 넘어가고 있습니다. 2018년 2월에 발행된 《뉴욕타임스》에는 '탈텍스트 미래에 오신 것을 환영합니다'(Welcome to the Post-Text Future)라는 특집 기사가 실렸습니다. 《뉴욕타임스》 기사는 사람들이 온라인에서 보내는 시간이 길어진 만큼 "텍스트가 쇠퇴하고 오디오, 비디오의 파급력과 영향력이 폭발적으로 증가하고 있다."라고 진단합니다. 당장 문자 매체가 사라지진 않겠지만, 적어도 온라인에서는 영상 매체가 주도권을 잡을 것으로 예측됩니다. 점점 더 영상 정보 비중이 커지고 문자 정보의 비중은 작아질 것입니다.

유튜브 저널리즘은 기존 언론에 대한 불신을 배경으로 2018년을 전후하여 폭발적으로 성장했습니다. 신뢰와 권위를 외면해 온 언론의 책임을 무겁게 생각하지 않을 수 없습니다.

○ 한국언론진흥재단은 어떤 곳일까?

한국언론진흥재단은 신문 등 오래된 언론 산업이 새로운 디지털 혁명 속에서 새로운 언론 매체로 발전할 수 있도록 기존 신문발전위원회, 한국언론재단, 신문유통원을 통합하여 2009년 12월에 설립되어 2010년 2월 출범한 문화체육관광부 산하 기금관리형 준정부기관이다.

3장

우리를 속여서 얻는 게 뭐야?

언론 불신이 👀💬
가짜 뉴스를 키운다고?

　　지난 2015년 시위 현장에 있던 고(故) 백남기 농민이 경찰 살수차의 물대포에 맞아 사망했습니다. 당시 일부 언론은 '물대포'를 '물줄기'나 '물'로 바꿔 표현하면서 눈살을 찌푸리게 했습니다. 가공할 만한 수압으로 조준된 물대포를 물줄기로 표현함으로써 사건의 본질을 흐렸죠. "물줄기(혹은 물)에 맞아"라는 표현을 사용해 권력의 눈치를 본 것입니다. 왜 그랬을까요? 아마도 당시 보수 정권의 입맛에 맞춘 보도로 보입니다. 한국 언론은 여러 문제가 있지만, 크게 두 가지 문제가 심각합니다. 바로 정파성(政派性)과 상업성입니다. 노골적으로 특정 정파의 나팔수를 자처합니다. 그리고 광고주(대개 대기업)의 눈치를 보는 보도, 조회 수를 올리기 위한 자극적인 기사가 많습니다.

정치권력에 무릎 꿇는 언론

특정 정파에 매몰된 기성 언론이 여론 시장을 독과점하고 있습니다. 2020년 9월 한 신문사가 "뜬금없이 종전 선언 꺼낸 문 대통령, 미국에선 '허상' 지적"[9]이라는 제목으로 문재인 대통령의 유엔총회 연설을 비판했습니다. 해당 기사는 미 대북 제재 전문가 조슈아 스탠튼 변호사가 트위터에 "(종전 선언은) 절대 이뤄질 수 없고, 하더라도 아무것도 끝내지 못한다."라고 비판했다고 전했습니다. 이어서 "해리 카지아니스 미 국익연구센터(CFTNI) 한국 담당 국장은 관련 기사를 공유하며 '100,000,000퍼센트 동의한다'고 했다."라고 보도했습니다.

해당 기사만 놓고 보면, 카지아니스 국장이 문재인 대통령의 종전 선언 지지 호소를 반대하는 기사를 공유하고 '100,000,000퍼센트 동의한다'고 발언한 것처럼 읽힙니다. 그러나 카지아니스 국장이 공유했던 기사는 문 대통령이 국제사회에 종전 선언 지지를 호소했다는 내용의 기사였습니다. 즉, 그가 동의한 내용은 문 대통령이 종전 선언 지지였습니다. 그 신문사가 인용한 맥락과는 180도 달랐던 것입니다.

한국기자협회가 2020년 8월에 진행한 언론인 조사에 따르면, 현직 기자 중 72.2퍼센트가 '국민이 언론에 대해 얼마나 신뢰하고 있다고 생각하느냐'는 항목에 '신뢰하지 않는다'고 응답했습니다. 이러한 생각을 갖게 된 이유로 검증 없이 받아쓰기(47퍼센트), 언론의 정파성(46.2퍼센트), 이용자들의 편향적인 뉴스 소비 습관(31.3퍼센트), 자극적이고 선정적인 보도(31퍼센트), 그리고 권력과 유착한 보도 태도(22.5퍼센트)를 들었습니다.

언론의 정파성과 언론과 정치권력의 유착 관계는 긴밀히 연계됩니다. 언론학자들은 종종 언론을 '개'에 비유하여 그 역할을 역설하는데, 권력의 손에 길들여 권력에 기생하는 언론을 랩독(lap dog), 즉 애완견이라 부릅니다.

그런데 애완견이었던 언론은 어느 순간 가드독(guard dog)이 됩니다. 가드독, 곧 경비견인 언론은 기득권 구조에 편입되고 권력화되면서 기득권 세력, 즉 권력을 지키려 합니다. 특정 정권을 위해 경비를 서는 것이 아니라 지배 시스템, 즉 기득권 구조를 지켜 내는 것이 목적입니다. 기득권 구조에 편입된 언론이 생존하려면 지배 시스템이 흔들리지 않아야 하니까요. 스스로 권력이 된 언론의 모습이라 할 수 있죠.

사실상 국민에게 필요한 건 감시견을 뜻하는 워치독(watch dog)입니다. 정치권력과 자본 권력을 감시하며 자유주의 체제의 가치를 지키는 언론 말이지요.

경제 권력에 아부하는 언론

언론과 경제 권력의 유착 관계도 심각합니다. 2016년 전 국민을 충격에 빠뜨리고 결국 박근혜 대통령 탄핵으로 이어진 최순실 게이트 역시 이 점을 뼈아프게 드러냈습니다. 당시 박근혜 대통령의 비선 실세로 밝혀진 최순실 씨의 수사 과정에서 장충기 전 삼성 미래 전략실 사장의 문자메시지가 공개되었습니다. 해당 문자메시지에서 한 언론사 간부는 삼성의 지원을 요청하며 "좋은 기사로 보답하겠다."라고 합니다. 전현직 언론사 간부들이 인사 청탁을 하는 내용도 담겨 있었고요. 이러한 내용은 재벌 그룹과 언론 사이에 모종의 거래가 있었다는 것을 시사합니다.

일부 언론은 이른바 '클릭 장사'를 위해 혐오를 팔기도 합니다. 자극적인 제목은 물론 검증되지 않은 인용 보도, 흔히 '~카더라' 식의 무책임한 보도를 통해 혐오를 확대하고 재생산합니다. 많은 언론이 어뷰징 기사로 접속량을 늘리려고 합니다. 표현만 조금씩 바꿔 속보 식으로 다량 올려 클릭을 유도하죠. 클릭 수가 광고 수익으로 이어지기 때문입니다. 독자들이 관심을 끌 만한 사안에 대해 엇비슷한 내용을 담은 기사가 쏟아지는 이유입니다. 그에 따라 뉴스의 질은 추락하지요.

미국 제3대 대통령이자 독립선언문의 초안자인 토머스 제퍼슨은

"언론 없는 정부보다는 정부 없는 언론을 택하겠다."라는 유명한 말을 남겼습니다. 설마 토머스 제퍼슨의 말을 정부가 없어도 된다는 뜻으로 진짜 믿진 않겠죠? 토머스 제퍼슨은 정부에 대한 언론의 비판과 감시가 매우 중요하다는 의미에서 "정부 없는 언론"이라고 말한 것입니다. 그러나 오늘날 언론은 철저히 불신받고 있습니다. 기자와 쓰레기를 합친 '기레기' 같은 비하적인 표현이 일상적으로 쓰이며, 기자들을 불한당 집단처럼 바라보는 시각도 적지 않습니다.

언론을 신뢰하지 않는 것은 전 세계적인 현상이지만, 특히 한국인들은 언론을 신뢰하지 않습니다. 2023년, 영국 옥스퍼드대 부설 로이터저널리즘연구소가 발표한 「디지털 뉴스 보고서 2023」에 따르면, 한국은 조사 대상 46개국 중 언론 신뢰도가 41위에 그쳤습니다. '언론이 전하는 뉴스를 얼마나 신뢰하느냐'는 질문에 긍정적으로 답변한 사람은 28퍼센트에 불과했습니다. 한국의 언론 신뢰도는 2017년부터 4년 연속 바닥에 머무르는 등 줄곧 바닥권을 벗어나지 못하고 있습니다.

예전에는 독재 정권에 의해 통제당했고, 지금도 정치권력이나 경제 권력의 입김에서 자유롭지 않은 언론의 모습을 봐 왔기 때문에 사람들은 언론을 신뢰하지 않습니다. 이러한 경험 탓에 자기 생각과 다른 언론 보도에 대해 '조작', '가짜' 등의 꼬리표를 쉽게 붙입니다. 뉴스의 형태조차 갖추지 못한 카카오톡 지라시가 막강한 영향력을 발휘하는 것도 언론에 대한 낮은 신뢰도 때문일 수 있습니다. 외국처럼 굳이 언론 기사를 흉내 낼 필요조차 없는 것입니다. 대부분의 언론이 부패했다고 생각하기 때문에 최소한의 검증조차 거치지 않은 루머의 진정성을 믿는 역설적 상황이 벌어지고 있습니다.

° **백남기 농민 사망 사건이란 무엇일까?**

전남 보성의 백남기 농민이 2015년 11월 14일 서울 도심에서 열린 민중총궐기 집회에 참가했는데, 경찰이 쏜 물대포에 맞아 1년여간 혼수상태로 있다가 2016년 9월 25일 사망한 사건을 말한다.

사람들은 왜 가짜 뉴스에 빠질까?

라디오가 빠르게 보급될 무렵인 1938년 미국에서는 라디오 드라마 때문에 큰 혼란이 벌어졌습니다. 〈화성인의 침공The War of the World〉(오슨 웰스의 『우주 전쟁』 각색)이라는 드라마에서 외계인이 지구를 침공했다는 소식을 전하자 100만 명 이상의 사람들이 거리로 몰려나왔습니다. 이들은 외계인의 지구 침공을 진짜로 오해하고 대피하기 위해 집을 나섰습니다.

지금 보면 말도 안 되는 일입니다. 그러나 당시에 이 소식을 전해 들은 사람들은 사실 여부를 확인할 다른 방법이 없었습니다. 그 시절에는 라디오가 최신 매체였고, 다른 정보 전달 수단은 거의 없었으니까요.

심리적 측면: 인지적 게으름을 파고들다

사람들은 처음 듣는 얘기나 놀라운 소식에 끌립니다. 그런 소식을 접하면 누구든지 친구나 지인에게 바로 전하고 싶어 하죠. 자연스러운 반응입니다. 사람 마음은 다 비슷합니다. 그런데 그 뉴스가 TV나 신문, 최소한 포털 사이트에서도 본 적이 없는 새롭고 충격적인 소식이라면 어떨까요? 그것은 가짜 뉴스일 가능성이 매우 높습니다. 그럼에도 그런 뉴스는 더 빠르게, 더 멀리 퍼지며 영향력을 키웁니다.

인간의 인지구조 자체가 가짜 뉴스에 취약합니다. 2002년 노벨경제학상을 받은 행동경제학자 대니얼 카너먼은 『생각에 관한 생각 Thinking, Fast and Slow』(2011)에서 사람의 인지 시스템이 두 가지로 구성돼 작동한다고 주장합니다. 시스템1은 감정적이고 직관적입니다. 깊이 생각하지 않고 머릿속에서 떠오르는 대로 빠르게 판단하는 정신 활동입니다. 가령 운전 도중 갑자기 나타난 장애물을 피하는 것이 시스템1의 작용입니다. 반면 시스템2는 직관과 본능이 아니라 이성의 영역입니다. 글을 쓸 때 작동하는 사고가 바로 시스템2의 영역입니다. 깊이 생각하는 것과 관련됩니다.

인간이 시스템2로만 살아가는 건 아닙니다. 시스템2에만 의존하면 위기 상황에 빨리 대처하지 못해 위태로운 상황에 처할 수 있거든요. 재빨리 위험을 회피하는 건 시스템1 덕분입니다. 그런데 우리 뇌는 시스템2보다 시스템1에 더 의존하게 돼 있습니다. 어떤 사안을 판단할 때마다 시스템2에 의존한다면 많은 노력과 시간이 들겠죠. 그래서 비슷한 상황에서는 시스템1에 기대 빠르게 판단하고 행동한답니다. 사람들이 편견이나 고정관념, 앞선 경험 등에 기우는 것도 그 때문입니다.

인지심리학에 따르면 인간은 '인지적 구두쇠'(cognitive miser)입니다. 가급적 머리를 덜 쓰려고 한다는 거예요. 어떤 생각을 깊게 하려면 뇌가 많은 자원을 써야 합니다. 생각하는 과정을 최소화해서 뇌의 자원을 아끼도록 인간은 진화해 왔어요. 그게 생존에 유리했기 때문이죠. 잠시만 한눈팔아도 목숨이 날아가는 원시시대에 매번 깊이, 오래 생각한다면 생존하기 어려웠을 겁니다. 맹수의 공격 등 위험 상황에서 재빨리 벗어나지 못할 테니까요. 그래서 앞선 경험, 고정관념, 각종 편향에 의존하기 마련입니다.

가짜 뉴스는 인지적 게으름을 파고듭니다. 가짜 뉴스가 진짜보다 더 빨리 퍼지는 것은 가짜 뉴스가 더 새롭고 자극적인 정보를 많이 가지고 있기 때문입니다. 당연히 사람들은 그런 정보에 더욱 끌리기 마련입니다. 사람들의 눈길을 사로잡기 위해 자극적인 내용과 제목이 등장합니다. '긴급 속보', '선 공유 후 필독', '이유를 불문하고 공유해 주세요' 등의 문구가 대표적이죠. 제목이 자극적일수록 비판적

127

3장 우리를 속여서 얻는 게 뭐야?

사고를 멀리하는 가짜 뉴스일 가능성이 큽니다.

사회적 측면: 악당이 필요하다

앞에서 가짜 뉴스가 잘 퍼지는 이유는 선정성에 있다고 했습니다. 시간은 없는데 뉴스는 넘쳐 납니다. 이용자들은 선택과 집중을 할 수밖에 없습니다. 눈길을 끄는 뉴스를 클릭하기 마련이죠. 자극적인 가짜 뉴스가 관심을 끄는 건 말할 필요도 없습니다. 그렇다면 무엇이 사람들의 관심을 끄는 자극적인 뉴스가 될까요? 마음 밑바닥에 있는 근원적인 감정을 건드리는 뉴스입니다. 바로 혐오입니다. 가짜 뉴스는 혐오 감정을 이용합니다.

가짜 뉴스는 공통점을 가지고 있습니다. 영역은 달라도 편견과 혐오, 선동 등 자극적인 내용을 담고 있다는 점입니다. 주된 공격 대상은 대체로 약자나 소수자가 됩니다. 난민, 성 소수자, 타인종(유대인, 무슬림 등)이 주된 대상이죠. 가령 이슬람 난민에 대한 혐오 때문에, 이슬람 난민을 받아들이면 성범죄가 늘어날 거라는 검증되지 않은 얘기들이 가짜 뉴스로 만들어집니다.

가짜 뉴스는 사회적 불만이나 불안감 등을 파고듭니다. 유럽은 2008년 미국발 세계 금융 위기로 수렁에 빠졌습니다. 이후 2015년 시리아 내전으로 100만 명의 난민이 유럽으로 몰려들었습니다. 경제는 어려운데 난민이 넘치자 유럽 각지에 반난민 정서가 독버섯처럼 퍼졌습니다. 코로나19와 같은 전염병 상황에서도 가짜 뉴스가 많이 퍼졌습니다. 사회적 불만이나 불안감, 억눌린 감정 등이 많은 사람을 가짜 뉴스에 휘둘리게 만듭니다.

가짜 뉴스는 경제적 불평등과 양극화로 생겨난 분노 감정도 관련이 있습니다. 내 삶을 불행하게 만든 악당이 필요한 겁니다. 난민 같은 약자가 가짜 뉴스의 주된 공격 대상이 되는 이유입니다. 다 난민 때문이라고 해 버리면 속이 시원하니까요. 분노 감정은 허위 정보의 파급력을 강화합니다. 가짜 뉴스가 퍼지는 양상은 다양하지만, 이처럼 가짜 뉴스는 기본적으로 '가상의 적'을 상정합니다. 여기에는 가짜 뉴스를 악용하는 나쁜 정치도 한몫합니다. 가짜 뉴스를 이용해 사회 에 대한 불만을 엉뚱한 곳으로 돌리려는 것입니다.

가짜 뉴스에 반복적으로 노출되면 결국 가짜와 진짜를 구분하기 어렵고, 거짓 정보에 쉽게 영향을 받게 됩니다. 그리고 진짜 뉴스를 가짜로 여기는 지경에 이릅니다. 2016년 미국 대선에서는 가짜 뉴스가 횡행했고, 대다수 언론이 낙선을 예상한 후보를 대통령으로 만드는 데 일정한 영향을 미쳤습니다. 당시 가짜 뉴스가 충격을 준 점은 대선 한복판에 가짜 뉴스가 떨어졌다는 사실이 아닙니다. 적지 않은 사람들이 가짜 뉴스에 속아 넘어갔다는 점이 충격적이었죠. 대선 기간 중 가짜 뉴스의 페이스북 공유 수는 871만 건에 달했습니다. 같은 기간에 주요 언론사 보도의 공유 수인 737만 건보다 18퍼센트나 많은 수치였습니다.

◦ 인지적 구두쇠란 무엇일까?

이 용어는 심리학자 수전 피스크와 셸리 테일러에 의해 1984년에 처음 사용되었다. 심리학에서 사람은 어떤 생각을 하거나 문제를 해결할 때 지능과 상관없이 더 복잡하고 노력이 요구되는 방법보다 더 간단하고 노력이 덜 드는 방법으로 가는 경향을 의미한다. 마치 구두쇠가 돈 쓰기에 인색하듯이 사람은 인지적 노력을 하기를 꺼린다는 것이다.

이대로 속고만 살 수 없다

인간은 합리적인 존재일까, 합리화하는 존재일까?

2017년 개봉한 영화 〈재심〉은 약촌오거리 택시 강도 사건을 다뤘습니다. 2000년 전북 익산시 약촌오거리 부근에서 택시 운전기사가 흉기에 찔려 살해당했습니다. 현장을 지나던 16세 소년이 범인으로 몰려 10년간 감옥살이를 했지요. 경찰은 소년을 범인으로 확신했습니다. 장발에 오토바이를 타고, 문신이 있고, 학교를 중퇴하고, 다방에서 일한다는 이유였습니다. 경찰은 10대 소년을 범인으로 단정한 후에 모든 반대 증거들을 무시했습니다. 그러나 소년은 범인이 아니었습니다. 심지어 2003년 경찰은 진범이 따로 있다는 첩보를 입수해 용의자를 붙잡았지만, 증거가 없다는 이유로 사건을 마무리했습니다. 그러나 그때 풀어 준 용의자가 진범이었습니다.

반향실 효과, 가짜 뉴스가 돌고 도는 세상

이렇게 '보고 싶은 것만 보고 믿고 싶은 것만 믿는' 사고방식을 확증 편향이라고 합니다. "인간은 합리적인 존재가 아니라 합리화하는 존재다." 사회심리학자 레온 페스팅거가 한 말입니다.

가짜 뉴스는 같은 주장을 반복합니다. 또 물량 공세로 거짓을 진실로 둔갑시키려 합니다. 도널드 트럼프 전 미국 대통령은 후보 시절인 2016년 선거 기간 동안 트위터나 연설을 통해 미국의 범죄율이 치솟고 있다고 줄기차게 주장했습니다. 무언가를 반복해서 주입하면 그것을 진실로 받아들이는 효과를 노렸기 때문입니다. 트럼프 지지 여부와 상관없이 유권자의 57퍼센트가 범죄율이 이전 대통령(오바마) 재임 8년을 거치며 더 높아졌다고 답했습니다. 그런데 연방수사국(FBI) 통계에 따르면 오바마 정권 8년간 범죄율은 20퍼센트나 떨어졌습니다.

가짜 뉴스는 '반복과 세뇌'를 작동 원리로 합니다. 소셜미디어에서 퍼지는 가짜 뉴스도 마찬가지입니다. 소셜미디어의 특징은 비슷한 성향이나 관심사를 지닌 사람들끼리 어울린다는 점입니다. 생각이 비슷한 사람들이 모여서 나누는 대화는 특정한 믿음을 강화합니다. 이런 일이 반복되다 보면, 어떤 생각은 사실 여부와 상관없이 '진짜'로 둔갑하게 됩니다. SNS에서 생각이 비슷한 이들끼리 서로

익산 약촌오거리 살인 사건 재심에서
무죄를 선고받은 최 모 씨(오른쪽)와 박준영 변호사(왼쪽)

'좋아요'나 '엄지 척'으로 응원하고 댓글로 부추기다 보면 자신들의 생각이 여론의 대세인 것처럼 느끼고, 심지어 가짜 뉴스조차 진짜로 믿게 됩니다.

흡음성(吸音性)이 적은 특수 재료로 벽을 세워 소리가 잘 되울리도록 만든 방을 반향실(反響室, echo chamber)이라고 합니다. 대개 방송·음악 녹음을 할 때 인공적으로 잔향(殘響, 실내의 발음체에서 내는 소리가 울리다가 그친 후에도 남아서 들리는 소리) 시간을 길게 하려고 만든 공간이라 반향실에서는 일상적인 공간과는 다르게 소리가 되울립니다. SNS 등에서 비슷한 생각과 가치관을 가진 이들 사이에서는 같은 정보가 돌고 돌아 정보에 대한 믿음이 강화됩니다. 계속 같은 정보만 접한 탓이지요. 이렇게 이용자가 가진 기존 신념이 폐쇄적인 의사소통을 통해 강화되는 현상을 '반향실 효과'라고 부릅니다.

소셜미디어는 닫힌 방 안에서 같은 소리가 울리는 반향실이 되기 쉽습니다. 자신과 입장이 같은 사람만을 팔로우하고 자신의 믿음에 부합하는 정보만을 선택적으로 접하면서 자기 확신을 강화합니다. 이러한 '반향실 효과'가 강화되면 사람들은 자신의 신념이나 편견에 맞는 뉴스만 선호하고, 반대되는 뉴스는 무시하는 '확증 편향'에 사로잡히게 됩니다. 이에 따라 편견과 일치하는 정보는 쉽게 믿어 버리고, 편견과 상반되는 정보는 애써 무시하거나 왜곡하며, 애매모호한 정보는 편견에 꿰맞춰 받아들이죠. 보고 싶은 것만 보고 듣고 싶은 것만 듣는 겁니다.

소셜미디어에서 믿고 싶은 것만 믿는 심리가 강화되면서 가짜 뉴스가 세력을 키우고 있습니다. 믿고 싶은 뉴스라면 확인도 없이 믿어 버리고, 비슷한 생각을 하는 사람들끼리 똘똘 뭉쳐 뉴스를 돌려 보는 습관이 가짜 뉴스를 키웁니다. 이런 경향은 선거 기간이나 정치적 갈등이 첨예할 때 더 두드러집니다. 가짜 뉴스에 대한 여러 방지책이 나오지만 근본적인 해결책이 되지 못하는 이유는 이처럼 가짜 뉴스를 믿고 퍼뜨리는 사람들의 심리까지 통제하기가 어렵기 때문입니다.

여기, 출처 확인하는 사람 있나요?

신문과 방송만으로 뉴스를 접하던 시절에는 언론사 이름을 기억하는 일이 하나도 어렵지 않았습니다. 반면에 이미 설명한 것처럼 플랫폼 이용자들은 포털 사이트나 소셜미디어에서 접하는 뉴스의 출처를 기억하지 못합니다. 뉴스 출처는 뉴스를 보도한 언론사, 기사를 작성한 기자, 뉴스에서 제시한 자료가 처음 만들어진 곳 등을 가리킵니다. 이용자들은 뉴스에 담긴 내용만 대충 볼 뿐 출처에는 무관심합니다. 뉴스를 본 후에 기억에 남는 건 뉴스 내용과 네이버 같은 플랫폼 이름입니다.

심지어 뉴스의 출처를 '아는 사람'이라고 답해도 전혀 이상하지 않습니다. 오늘날에는 친구나 지인이 소셜미디어 등으로 뉴스를 전달하는 일이 전혀 낯설지 않거든요. 평소 잘 알고 지내는 사람이 전해 준 뉴스는 의심 없이 바로 공유합니다. 더구나 사람들은 지인의 '좋아요' 기사를 신뢰하는 경향이 있습니다. '지인이 믿을 만한 사람인가'와 '그 사람이 전달한 뉴스가 믿을 만한 뉴스인가'는 전혀 다른 문제인데도 말이죠. 출처 확인 없이 뉴스를 믿어 버리는 습관을 버려야 합니다. 가짜 뉴스에 걸려들지 않고, 비판적으로 뉴스를 읽으려면 반드시 출처부터 확인해야 합니다. 출처를 정확히 알아야 진짜 뉴스인지 가짜 뉴스인지 구분할 수 있고, 뉴스가 만들어진 배경과 그 의도까지 파악할 수 있습니다. 출처가 불분명한 뉴스는 가짜 뉴스인지 의심해 볼 필요가 있습니다.

유튜브 등에 떠도는 출처 불명의 가짜 뉴스와 허위 정보에 현혹되면 자신의 확증 편향만 강화하게 됩니다. 자신이 남들보다 더 유식해졌다고 착각할지 모르지만, 틀림없이 그런 정보를 접하지 않았을 때보다 더 무식해졌을 것입니다. 책 한 권만 읽을 바에는 차라리 한 권도 읽지 않는 게 더 낫다는 말이 있습니다. "무지는 지식보다 더 확신을 들게 한다." 탐사 여행을 통해 얻은 진화론으로 세계를 뒤흔들었던 찰스 다윈이 남긴 말입니다.

∘ **인지 편향에는 어떤 유형들이 있을까?**

자신이 기존에 가지고 있던 생각을 강화시키는 정보만 듣는 '확증 편향', 처음 접하는 정보를 지나치게 신뢰하는 '고정 편향', 머릿속에 쉽게 떠오르는 사례를 기준으로 판단하는 '가용성 편향', 많은 사람이 믿을수록 특정 신념을 쉽게 믿는 '편승 효과', 자신이 선택한 결정을 긍정적으로 바라보려는 '선택지원 편향' 등이 있다.

이대로 속고만 살 수 없다

딥페이크, 진짜 같은 가짜가 몰려온다

2018년 4월의 일입니다. "트럼프는 완벽한 멍청이 (complete dipshit)"라고 말하는 오바마의 딥페이크(deep fake) 영상이 화제를 모았습니다. 딥페이크는 인공지능(AI) 기술을 활용하여 실제와 구분하기 어렵게 만들어진 인간 이미지 합성 기술로, 해당 영상은 딥페이크의 위험성을 경고하기 위한 목적으로 만들어졌습니다.

화제가 된 영상물은 오바마 전 대통령의 영상에 영화감독이자 배우인 조던 필이 성대모사한 목소리를 입히고, 자연스럽게 입 모양을 바꿔 제작되었어요. 이를 본 사람들은 실제 오바마와 똑같은 모습에 혀를 내둘렀습니다.

알고리즘이 만들어 내는 거품?

영상 편집 기술이 막 보급되기 시작했을 때 포르노 사진에 유명 배우의 얼굴을 합성한 스틸 사진들이 돌았습니다. 사진 편집 기술을 조금이라도 아는 사람들은 합성한 사진이 조작된 것임을 금방 알아 차릴 수 있었습니다.

그러나 그 후 나타난 딥페이크 기술은 목소리뿐만 아니라 표정, 입술 움직임, 미세한 몸동작까지 진짜 인물과 구분하기 어려울 정도로 유사하게 만들어 냅니다. 딥페이크, 알고리즘 등 인공지능 기술이 가짜 뉴스 확산을 부추기고 있습니다.

유튜브는 내가 좋아할 만한 영상을 알아서 추천해 주고 그 영상을 보고 나면 다시 연관된 영상을 자동으로 알려 줍니다. 추천 알고리즘 덕분입니다. 수많은 콘텐츠 중에 내 취향에 맞는 콘텐츠를 알아서 찾아내 추천해 주니, 정말 편리합니다. 굳이 찾아다닐 필요가 없습니다.

유튜브는 이런 방식으로 이용자를 더 오랫동안 플랫폼에 묶어 둡니다. 오래 묶어 둘수록 이용자는 더 많은 광고를 보게 되고 기업은 더 많은 돈을 벌 수 있습니다. 조회 수와 체류 시간을 높이기 위한 기업의 전략은 공론장에는 재앙이 될 수 있습니다. 이용자가 자신의 성향에 맞춰 필터링된 정보만 접하기 때문입니다.

구글과 페이스북은 개인의 취향과 관심사, 정치 성향 등을 꼼꼼히 분석해 맞춤형 정보를 제공합니다. 문제는 맞춤형 정보를 제공받을수록 개인의 생각이 제한된다는 것입니다. 이미 클릭해서 본 것과 최대한 비슷한 종류의 정보만 계속 접하면서 정보 편식에 따른 '필터 버블'(filter bubble)이 우려되지요.

미국 시민단체 무브온(Move On)의 이사장인 엘리 프레이저는 『생각 조종자들The Filter Bubble』(2011)에서 이런 현상을 필터 버블이라고 불렀습니다. 필터 버블은 보고 싶은 것만 보다 보면 거품 같은 자신만의 세계에 갇힌다는 뜻입니다. 앞에서 살펴본 '반향실 효과'와도 비슷합니다.

유튜브의 전 엔지니어인 기욤 샬로는 영국 《가디언》과의 인터뷰에서 "유튜브의 추천 알고리즘은 이용자 체류 시간에만 집중돼 필터 버블과 가짜 뉴스를 발생시킨다. 유튜브 동영상의 품질과 다양성 개선을 위한 알고리즘 수정 방안을 제시했지만 채택되지 않았다."라고 폭로했습니다. 《월스트리트저널》에 따르면 유튜브는 추천 알고리즘을 활용해 이용자들이 유튜브에 머무는 시간을 70퍼센트 이상 늘렸다고 합니다.

이 과정에서 자극적인 콘텐츠, 가령 음모론적인 콘텐츠를 자주 추천했습니다. 가령 유튜브에서 호기심에 'CIA 한국 대선 개입설'을 검색해서 시청했다면, 다음 영상에서 자연스럽게 'FBI 비밀 접촉설'

을 추천받게 됩니다. 이런 식으로 정치·사회 분야에서 자기 생각과 다른 의견은 접하기 힘들어집니다. 알고리즘은 필터 버블과 확증 편향을 강화하는 결과를 가져올 수 있습니다. 이러한 상황은 극단적인 갈등과 타자에 대한 혐오를 조장할 가능성이 높습니다.

《슈피겔》의 전 편집장 클라우스 브링크보이머는 다음과 같이 말했습니다.

"오늘날은 '탈진실의 시대'라고 불립니다. 너무나 많은 사람이 소문이나 거짓을 재미있어하며 떠들고, 얼마 지나지 않아 그것들은 진실과 같은 '참'이 되어 버리기 때문입니다. 페이스북과 트위터에서는 가짜 뉴스든 진짜 뉴스든 상관없이 한순간에 퍼져 나가고, 모든 뉴스가 마치 믿을 만한 뉴스로 여겨집니다. 그렇게 알고리즘이 언론사의 편집 책임자 역할을 대신하게 된다면, 인종차별주의적인 텍스트를 읽고 싶어 하는 사람들에게는 인종차별주의적인 텍스트가 제공됩니다."

과학기술이 가짜 뉴스를 부추긴다고?

딥페이크는 컴퓨터가 스스로 외부 데이터를 조합·분석하여 학습하는 기술인 딥 러닝(deep learning)과 가짜를 뜻하는 페이크(fake)의

140

이대로 속고만 살 수 없다

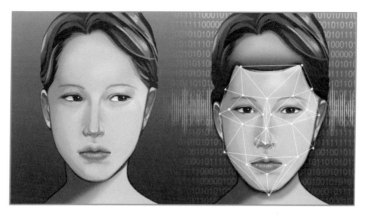
딥페이크를 비롯한 인공지능 기술이 가짜 뉴스 확산을 부추긴다.

합성어로, 인공지능 기술을 활용해 특정 인물의 얼굴, 신체, 동작 등을 원하는 영상에 합성하는 기술입니다.

2017년 딥페이크라는 닉네임을 사용한 인터넷 사용자가 인공지능 딥러닝 기술을 이용해 유명 연예인의 위조 영상물을 만들어 공개했습니다. 엠마 왓슨, 스칼릿 조핸슨 등 유명 여배우들의 얼굴을 성인 영상물에 합성했는데, 어색함이 전혀 느껴지지 않을 정도로 정교한 수준이었습니다. 한마디로 진위 식별이 어려웠죠. 이후 이 기술은 계속 발전해 왔습니다.

구글은 2018년 5월 개발자 콘퍼런스에서 사람 목소리를 완벽하게 흉내 내는 인공지능 음성 서비스 '듀플렉스'(Duplex)를 공개했습니다. 듀플렉스는 미용실에 전화를 걸어 종업원과 자연스럽게 대화하면서 특정 날짜에 예약하라는 과제를 받고 도전했는데, 매장 종업원은 인공지능이 전화를 걸었음을 눈치채지 못했습니다.

인공지능 기술은 손쉽게 '진짜 같은 가짜'를 만들어 내고 있습니다. 딥페이크 영상물은 진위를 판별하기 어렵기 때문에 여러 문제가 발생할 수 있습니다. 국내에서도 딥페이크 기술을 이용한 성인 영상물이 유통돼 많은 여성 연예인들이 피해를 입었습니다. 일본에서는 여성 연예인의 가짜 음란물을 인터넷에 공개한 사람이 처벌받기도 했습니다.

만약 누군가 이런 기술들을 악용해 정치인이나 유명인이 하지도 않은 말이나 행동을 한 것처럼 꾸며 인터넷에 유포한다면 그 또한 심각한 문제가 될 수 있습니다.

인공지능으로 만든 '진짜 같은 가짜'가 뉴스와 검색 결과, 전화 통화 등에 악용된다면 피해는 눈덩이처럼 커질 것입니다. 미국 플로리다의 공화당 상원 의원이자 2016년 대선 경선 후보였던 마코 루비오는 딥페이크를 핵무기에 비교하기도 했습니다. 그는 "진짜 같은 가짜 동영상을 만들어 선거를 망치고 엄청난 위기를 조장하여 우리 사회를 혼란하게 할 수 있다."라고 경고했습니다.

'진짜 같은 가짜'는 '우리에게 앞으로 진짜와 가짜를 가려내는 게 가능할까?'라는 질문을 던집니다. 이런 문제점이 지적되면서 구글, 메타(전 페이스북), 마이크로소프트 등 글로벌 IT 기업은 딥페이크 방지 기술을 속속 내놓고 있습니다. 또한 구글과 메타는 딥페이크를 활용한 광고를 전면 금지했습니다.

하지만 딥페이크 기술의 발전 속도가 워낙 빨라 완벽하게 막아내기는 어려워 보입니다. 네덜란드 사이버보안 기업인 딥트레이스(Deep Trace)의 보고서에 따르면, 2019년에 확인된 딥페이크 영상만 1만 5,000건에 달해 2018년 대비 84퍼센트나 증가한 것으로 나타났습니다.

○ 필터 버블이란 무엇일까?

필터 버블은 구글, 아마존닷컴, 페이스북 등의 인터넷 정보 제공자가 이용자 개인 성향에 맞춘, 즉 필터링된 정보를 제공함으로써 이용자가 이미 선별된 정보만을 접하게 되는 것을 말한다. 같은 단어를 검색해도 이용자에 따라 다른 정보가 화면에 등장하는 것이 필터 버블의 사례다.

가짜 뉴스가 큰돈이 된다고?

'프란치스코 교황, 트럼프 지지해 전 세계 놀라게 하다.' 2016년 미국 대선 기간에 맹위를 떨친 가짜 뉴스 중 하나입니다. 이 가짜 뉴스는 공유 수가 무려 96만 건에 이르렀습니다. 기성 언론이 내놓는 진짜 뉴스의 평균적인 공유 건수를 압도하는 수치입니다.

프란치스코 교황에 관한 가짜 뉴스를 만든 이들은 북마케도니아의 청소년들이었습니다. 북마케도니아는 남부 유럽에 있는 인구 200만 명의 작은 나라입니다. 북마케도니아의 청소년들이 트럼프 후보를 지지해서 그런 뉴스를 만들었을까요?

가짜 뉴스로 돈 벌기

북마케도니아의 청소년들이 트럼프에 호의적이고 상대 후보인 힐러리 클린턴에 악의가 있어서 가짜 뉴스를 만든 게 아니었습니다. 사실 누가 미국 대통령이 되든 그들은 전혀 관심이 없었습니다. 북마케도니아의 청소년들이 트럼프에 유리한 가짜 뉴스를 만든 이유는 단순했습니다. 돈이 되기 때문이었지요.

가짜 뉴스는 우연히 만들어져서 퍼질까요? 가짜 뉴스는 저절로 만들어지지 않습니다. 누군가 어떤 의도를 가지고 만듭니다. 마찬가지로 또 다른 누군가가 어떤 의도를 가지고 퍼뜨립니다. 공통적으로 '어떤 의도'라고 말했지만, 의도의 성격은 조금 다릅니다. 가짜 뉴스를 만들 때는 경제적인 이유가 두드러지고, 퍼뜨릴 때는 정치적인 이유가 두드러지거든요.

미국 NBC 보도에 따르면, 2016년 미국 대선 때 가짜 뉴스를 만들었던 북마케도니아의 한 17세 소년은 반년 동안 무려 6만 달러(약 8,500만 원)의 수익을 냈습니다. 북마케도니아 노동자 평균 월급이 370달러인 것을 감안하면 거액입니다. 거의 13년 치 봉급이지요. 또한 2016년 대선 기간에 페이스북에서 가장 많이 공유된 계정 10개 중 4개는 루마니아에 사는 24세 남성이 만든 것이었습니다.

가짜 뉴스가 어떻게 돈이 되냐고요? 가짜 뉴스를 통해 이용자를

대표적인 보수 유튜브 채널 '가로세로연구소'

유인하고 급증하는 접속량을 통해 광고 수익을 올립니다. 기사로 둔갑한 가짜 뉴스를 보기 위해 사람들이 특정 사이트를 방문하거나 가짜 뉴스를 클릭할수록 인터넷 광고 수입이 늘어나게 돼 있습니다. 가짜 뉴스를 생산하는 사이트는 인터넷 언론사인 것처럼 꾸며집니다. 유명 언론사 사이트의 디자인을 베끼기도 하고, 심지어 실제 언론사 사이트를 위조하기도 합니다. 가령 미국 지상파 방송국 ABC 사의 인터넷 페이지(abcnews.go.com)와 아주 비슷한 'ABCNews.com. co'와 같은 가짜 뉴스 사이트가 실제로 있었습니다. 유명 언론사의 인터넷 주소(URL)를 교묘하게 위조한 겁니다.

이대로 속고만 살 수 없다

그런가 하면 요즘에는 인터넷 사이트를 따로 만들지 않고도 광고 수익을 낼 수 있습니다. 포털 사이트에서 블로그를 개설하고 구글이 제공하는 애드센스라는 광고 서비스에 가입하면 됩니다. 애드센스 배너를 붙이면 직접 광고주를 찾아다니지 않고도 접속량에 따라 광고 수익을 배분받을 수 있습니다. 내용과 관련 없는 낚시성 콘텐츠를 만들고 자극적이고 선정적인 제목을 붙이는 이유도 사이트 접속량을 늘려 수익을 높이기 위한 것입니다.

보수 코인 vs. 진보 코인, 돈벌이가 되다

가짜 뉴스가 엄청난 돈벌이가 되자 아예 직업 삼아, 또 조직적으로 가짜 뉴스를 만들고 퍼뜨리는 사람들까지 생겨나기 시작했습니다. 가짜 뉴스를 퍼뜨리는 유튜버들이 대표적입니다. 선거 조작설, 문재인 치매설, 북한 김정은 사망설, 5·18 민주화 운동 북한군 개입설 등은 유튜브를 통해 널리 퍼진 가짜 뉴스입니다. 이런 정치 가짜 뉴스는 보수와 진보 성향의 지지자들을 위한 반향실을 제공합니다. 막말, 비방, 욕설, 혐오, 허위 조작 정보가 가득합니다.

유튜브 한국 서버의 경우, 콘텐츠 조회 수 1회당 1원 이내에서 많게는 30원까지 수익이 책정되는 것으로 알려져 있습니다. 극우 성향의 일부 유튜버들은 막말, 혐오, 가짜 뉴스 등을 활용해 높은 광고 수익을 챙겨 왔습니다. 자극적인 콘텐츠로 구독자와 조회 수를 늘린 덕분이죠. 유튜브는 언론이 아니기 때문에 콘텐츠의 객관성과 공정성을 따지지 않습니다.

그렇다고 아무런 제재가 없는 건 아닙니다. 유튜브는 2017년 8월부터 선정성이나 폭력성 등이 과도한 경우나 명예훼손, 저작권 침해 등 위법 소지가 있는 경우에 노란 딱지를 붙여 콘텐츠의 품질을 관리하고 있어요. 노란 딱지는 동그란 노란색 바탕에 흰색의 달러 기호가 적힌 아이콘 모양으로, 광고 부적합을 의미합니다. 따라서 노란 딱지가 붙은 동영상은 조회 수가 높아도 수익을 창출할 수 없습니다. 노란 딱지에 가로막히자 가짜 뉴스 생산자들은 우회로를 찾아냈습니다. 광고 수익이 줄어들며 타격을 입자 '슈퍼챗'(super chat)이라는 유튜브의 부가 기능으로 눈을 돌립니다. 유튜브가 2017년에 도입한 슈퍼챗은 유튜버가 라이브 방송을 하면서 실시간 채팅창으로 이용자들에게서 후원금을 직접 받을 수 있는 기능입니다. 후원금은 최소 1,000원에서 최대 50만 원까지 가능하며 횟수 제한은 없습니다. 이용자들은 슈퍼챗을 보낼 때 자신이 쓴 메시지가 채팅창에 노출되는 혜택을 누릴 수 있습니다.

노란 딱지가 붙어 유튜브로부터 광고 수익을 얻지 못하더라도 이용자들에게서 받은 후원금으로 수익을 창출하는 겁니다. 플레이보

이대로 속고만 살 수 없다

드(playboard.co)라는 사이트에서 슈퍼챗 액수를 검색해 보면 2022년 기준으로 '가로세로연구소'의 누적 후원 금액이 24억 원에 달합니다. '가로세로연구소'는 보수 정치 채널이자 연예인의 사생활을 폭로하는 유튜브 채널입니다. 확인되지 않은 많은 정보를 유포하고 있습니다. 여러 정치인과 연예인의 명예를 훼손한 혐의로 고소당했고 재판이 진행 중입니다.

"유튜버 하려는데, 진보 코인 vs. 보수 코인 뭐 탈까?" 대표적인 국내 인터넷 커뮤니티인 디시인사이드(Dcinside)에 올라온 게시물 제목입니다. 자신의 정치적 성향을 떠나 '진보, 보수 어느 쪽이 더 돈이 될까?'를 묻고 있는 겁니다. 이런 사람들에게 보수와 진보는 그저 돈벌이 수단에 불과합니다. 정확한 정보보다는 이용자들이 듣고 싶어 하는 말을 전달해서 많은 돈을 버는 게 유일한 목적입니다. 유튜브가 가짜 뉴스를 조장하는 셈입니다.

° 유튜브에는 보수 채널이 많을까, 진보 채널이 많을까?

2023년 7월, '머니투데이 더300'이 유튜브 데이터 집계 사이트를 통해 조사한 결과, 정치 성향별로 보면 보수 61개, 진보 39개로 보수 성향 유튜브가 조금 더 많았다. 하지만 진보 유튜브가 상위 10위 중에는 6개, 상위 20위 중에는 11개를 차지했다.

언론사들도 가짜 뉴스를 만든다고?

1945년 8월 15일 일제에서 해방된 후, 온 국민은 나라를 새롭게 만들 희망으로 부푼 나날을 보냈습니다. 그해 12월,《동아일보》는 '소련은 신탁통치 주장, 소련의 구실은 38선 분할 점령, 미국은 즉시 독립 주장'이라고 보도했습니다. 국민은 독립을 지지하는 미국을 응원했습니다.

하지만 미국은 1948년까지 군대를 주둔시켰고, 더 나아가 미군에 한국의 통치를 맡기는 것으로 이어졌어요. 그사이에 미국에 달라붙은 친일파들은 친일파 청산을 방해하고 권력을 유지했습니다. 이는 지금까지 친일파가 제대로 청산되지 못한 역사의 출발점이죠.

이대로 속고만 살 수 없다

오보, 언론의 숙명일까?

1945년 12월 소련의 수도 모스크바에서 미국·영국·소련 3국의 외상 회의(外相會議)가 개최되었습니다. 여기에서 한국 문제를 비롯한 제2차 세계대전 이후 세계 여러 지역의 문제점을 협의했죠. 그런데 공식적인 모스크바 3국 외상 회의 결과가 발표되기 하루 전에 보도된《동아일보》기사는 3국 외상 회의 내용을 심각하게 왜곡했습니다. 사실 신탁통치를 제안한 쪽은 미국이었습니다. 기간은 최장 10년에 달했습니다. 반면에 소련은 조선을 이른 시일 내에 독립시키자고 주장했습니다. 좌익 세력이 강한 남북한 정세를 볼 때 빠른 독립이 유리하다고 판단했거든요.《동아일보》의 잘못된 보도는 우익에 의한 격렬한 반탁 운동을 촉발했고, 화약고 같던 좌우 대립에 불씨를 던졌습니다. 이후 한반도는 좌우 대립이라는 블랙홀 속으로 빨려 들어갔습니다.

가짜 뉴스 이전에는 '나쁜 뉴스'가 있었습니다. 오보, 특히 악의적이라고 의심되는 오보가 대표적인 나쁜 뉴스입니다. 한국언론진흥재단의 조사(2018)에 따르면, 시민들은 학계나 언론계에서 말하는 가짜 뉴스, 즉 뉴스 형식을 사용한 거짓 정보(60.1퍼센트)보다 언론사 오보(65.2퍼센트)가 유해성이 더 크다고 생각했습니다. '거짓이 포함된 진짜 뉴스'가 '뉴스인 척하는 거짓 정보'보다 더 유해하다고 여긴 것입니다.

언론이 의도적으로 사실관계를 바꾸거나 조작하는 것, 중요한 사실을 아예 없는 것처럼 빠뜨리고 전하지 않는 것, 일부 사실을 과도하게 부풀리고 왜곡하는 것 등은 '나쁜 뉴스'입니다. 학자들은 이런 나쁜 뉴스를 가짜 뉴스라고 부르진 않습니다. 특정한 의도를 가지고 기사 형식으로 유포되는 조작된 정보라는 가짜 뉴스의 일반적 뜻과는 거리가 멀거든요. 그런데 사람들은 나쁜 뉴스조차 가짜 뉴스로 생각합니다. 한국언론진흥재단이 중복 응답을 허용해 실시한 조사에 따르면, 응답자의 84.7퍼센트가 오보를 가짜 뉴스라고 생각하는 것으로 나타났습니다.

'기레기'라는 단어가 자리 잡은 건 2014년 세월호 참사 이후였습니다. 세월호 보도는 처음부터 오보로 시작했습니다. '세월호 탑승객 전원 구조'라는 참담한 오보에 언론은 고개를 숙여야 했습니다. 언론은 1993년에도 여객선 침몰로 292명이 목숨을 잃은 서해 훼리호 참사 당시 선장이 살아 있다고 호들갑을 떨다 시체를 발견하고 고개를 숙인 적이 있었습니다.

오보는 피할 수 없는 언론의 숙명인지 모릅니다.《가디언》,《슈피겔》,《뉴욕타임스》등 해외 유력 언론도 종종 오보를 내보냅니다. 오보를 저지르는 이유 중 하나는 '단독 보도'에 대한 욕심입니다. 단독에 눈이 멀면 부실한 취재로 이어집니다. 다른 언론사보다 기사를

이대로 속고만 살 수 없다

빨리 쓰려다 보니, 다른 관점·방법·자료 등을 대조해서 다시 검토하는 크로스체크(cross-check)가 꼼꼼히 이뤄지지 않고 디테일도 부족해지기 마련입니다. 기자 입장에서 단독 보도는 중요한 성과입니다. 기자 경력에서 빼놓을 수 없는 성과일 테죠.

오보는 언론의 신뢰를 깎아 먹지만, 이후 대응에 따라 신뢰를 회복할 수도 있습니다. 《뉴욕타임스》는 2014년 놀라운 정정 보도를 내보냈습니다. 1853년의 오보를 161년 만에 정정 보도한 것이었습니다. '역시 뉴욕타임스'라는 찬사를 받았지요. 오보를 내지 않는 것만큼이나 잘못을 인정하는 것, 진솔하게 사과하는 것, 그리고 재발방지 시스템을 마련하는 것이 중요합니다. 한국 언론은 오보에 대해 제대로 사과하지 않는 경우가 많습니다. 언론이 남을 비판하는 데는 날카롭지만, 자기반성에는 인색하다는 사실을 알 수 있죠. 제대로 된 사과와 반성이 없으니 재발 방지 대책도 없습니다. 한국 언론의 신뢰도가 낮은 이유 중 하나는 반성에 인색한 태도가 아닐까요?

세월호 참사 보도 문제점과 재난 보도 준칙 제정 방안 토론회

의도적 오보, 의도적 누락

오보는 잘못된 보도, 사실과 다른 보도입니다. 오보와 가짜 뉴스는 둘 다 잘못된 정보입니다. 그런데 오보를 가짜 뉴스라고 말하진 않습니다. 오보와 가짜 뉴스의 차이가 뭘까요? 바로 '의도가 있느냐 없느냐' 하는 점입니다. 오보는 언론이 실수나 부주의로 잘못된 정보를 보도한 경우지만, 가짜 뉴스는 고의로 만들어 낸 거짓 정보입니다. 그렇다면 언론의 오보는 전부 실수나 부주의의 결과일까요? 언론의 오보는 정보 불확실에 따른 비의도적 오보부터 의도적 오보까지 다양합니다.

언론은 때때로 가짜 정보를 섞어 그럴듯해 보이는 '의도된 뉴스'를 생산합니다. 세상에는 가짜 뉴스라는 쓰레기 정보도 넘치지만, 우리 언론에는 '의도적 누락'이라는 나쁜 버릇이 있습니다. 세상사를 올곧게 보도하지 않고 자기들 입맛에 맞게 선택적으로 보도하는 것입니다. 한쪽 의견만을 전달하는 편파 보도 역시 우리 언론의 나쁜 버릇입니다. 엄밀히 말해 편파 보도는 가짜 뉴스가 아니지만, 가짜 뉴스 못지않게 나쁜 뉴스인 것은 맞습니다. 사람들은 편파 보도조차 심각한 가짜 뉴스로 인식합니다. 앞서 언급한 한국언론진흥재단 조사에서 응답자의 79퍼센트가 편파 보도를 가짜 뉴스로 생각했습니다.

이대로 속고만 살 수 없다

2016년 《연합뉴스》가 민간인인 최순실 씨의 국정 개입과 관련해서 '검찰 수사를 받겠다'는 박근혜 전 대통령의 대국민 담화에 대한 시민 반응을 보도한 적이 있습니다. 처음에 담당 기자는 "시민들은 '싸늘'"이라는 제목을 붙였습니다. 그런데 기사를 검토한 간부가 "시민·민간단체 평가 엇갈려"로 제목을 바꿨습니다. 싸늘한 시민도 있었고 그렇지 않은 시민도 있었지만, 당시 대체적인 여론은 싸늘한 편이었죠. 이런 상황에서 '평가 엇갈려'라고 제목을 달면 마치 양쪽 여론이 반반인 것처럼 왜곡하게 됩니다.

싸늘한 시민과 그렇지 않은 시민이 있었다는 것은 모두 사실의 일부입니다. 그런데 사실관계에 거짓이 없다면 뉴스는 진실이 될까요? 뉴스가 진실된 보도로 인정받으려면, 사실관계에 왜곡이 없을 뿐더러 중요한 사실이 빠짐없이 포함되어야 합니다. 언론은 사설(社說)을 통해 특정 이슈에 대한 의견을 밝히기도 하지만, 사설이나 칼럼 등을 제외하면 사실을 전달하는 객관적 태도를 유지해야 합니다. 그러나 자사의 이념이나 정치적 입장에 따라 입맛에 맞는 사실만 취사선택해서 그것이 마치 전체인 양 보도할 때가 적지 않습니다. 그 결과 정작 중요한 사실이 빠진 채 보도되기도 합니다.

보수와 진보의 갈등이 극심한 한국 사회에서 많은 언론이 특정 정파를 대변하는 나팔수가 되어 버렸습니다. 게다가 그 정파성조차 한쪽으로 심하게 기울어져 있습니다. 보수 언론이 진보 언론보다 압도적으로 우위에 있거든요. 기울어진 언론 지형에서 진보와 보수는 공정한 경쟁을 벌이지 못합니다. 이는 정치인의 손해가 아니라 시민의 손해일 뿐입니다. 많은 사람이 정치인을 욕하고 정치가 썩었다고 비난하지만, 사실 나쁜 정치가 개혁되지 못한 가장 큰 이유는 언론 때문입니다. 나쁜 정치와 나쁜 언론은 한패입니다.

○ 4·16 세월호 참사란 무엇일까?

2014년 4월 15일 인천 연안여객터미널을 출발, 제주로 향하던 여객선 세월호가 4월 16일 전남 진도군 병풍도 앞 인근 해상에서 침몰한 대형 참사다. 이 사고로 탑승객 476명 가운데 172명만이 생존했고, 304명의 사망·실종자가 발생했다. 특히 세월호에는 제주도로 수학여행을 떠난 안산 단원고 2학년 학생 325명이 탑승해, 어린 학생들의 피해가 컸다.

이대로 속고만 살 수 없다

기사인 줄 알았더니 광고라고?

'기사형 광고'에 대해서 들어 본 적 있으신가요? 기사형 광고는 기사로 위장한 광고입니다. 한 언론사가 광고를 기사로 위장해 수천 건을 보도한 적이 있었습니다.

홍보 대행사와 건당 수십만 원씩 받기로 계약하고 2,000여 건의 가짜 기사를 포털 사이트에 올렸죠. 그런 기사 작성을 전담하는 직원까지 따로 두고 말입니다.

놀랍게도 이 사건은 2021년 《연합뉴스》에서 벌어진 일입니다. 《연합뉴스》는 매년 300억대 정부 지원금을 받는 국가 기간(基幹) 뉴스 통신사죠.

기사의 탈을 쓴 광고

《미디어오늘》이 확인한 《연합뉴스》의 기사형 광고에는 '박○○'이라는 이름이 일관되게 등장합니다. 박 씨는 《연합뉴스》 정식 기자가 아닌 홍보사업 팀 소속 직원으로 '보도 자료 편집 업무'를 담당했습니다. '박○○' 기자 명의로 작성된 홍보성 기사는 2,000건이 넘었습니다. 이 사태로 인해 《연합뉴스》는 네이버와 다음의 뉴스제휴평가위원회(제평위)로부터 '포털 사이트 퇴출' 조치를 받게 됩니다.

언론과 광고주의 유착이 심해지면서 모종의 대가를 받고 써 주는 '홍보성 기사'가 늘어나고 있습니다. 기사형 광고가 대표적입니다. 기사형 광고는 언론사가 기업이나 기관 등으로부터 광고비를 받고 쓴 '가짜 기사'죠. 기사 형식을 따르고 있어서 누가 봐도 기사와 다름없지만, 실제로는 광고주에게서 돈을 받고 실어 준 광고에 불과합니다. 비용 대비 광고 효과가 높아 광고주들이 선호한다고 합니다.

기사형 광고(advertorial)는 실제는 광고(advertisement)지만 기사(editorial)의 형식을 빌려 독자를 기만합니다. 광고 자리가 아닌 기사가 실리는 자리에, 기사가 아니면서도 헤드라인과 부제 등 기사 형식으로, 심지어 기자의 이름까지 달려서 실립니다. 형태 및 문장 흐름이 기사와 매우 유사해서 독자가 주의 깊게 살피지 않으면 기사로 착각하기 쉽습니다. 기사형 광고의 가장 큰 문제는 정식 기사가

아님에도 기사의 권위에 의존해 상품 및 서비스를 광고한다는 데
있습니다.

이런 기사에 담긴 정보는 거짓이 아닐 수 있지만, 홍보를 위해 작
성됐다는 점에서 진짜 뉴스와 차이가 있습니다. 기자들이 직접 취재
하고 쓴 기사가 아니라 광고 회사들이 제품이나 서비스 홍보를 위
해 만든 보도 자료를 그대로 기사화해서 만듭니다. 본래 기사는 기
자가 취재해서 쓰고 기사를 쓴 대가를 누구에게도 요구하지 않습니
다. 기자는 자신이 쓴 기사에 대한 책임을 집니다. 반면에 기사형 광
고는 광고주의 요구가 그대로 반영됩니다. 언론은 광고의 내용에 책
임지지 않습니다.

'5,000평 규모의 공장 증설', '미(美) 시장 5만 개 전기 모터 공급'.
2022년 2월~5월에 신문에 실린 헤드라인입니다. 수출 계약, 공장
증설 등은 전부 사기였습니다. 기사형 광고로 믿을 수 있는 기업인
것처럼 꾸며 상장할 예정이라며 피해자들을 속였습니다. 독자를 기
만하는 기사형 광고가 사기 수단으로 동원된 것입니다. 피해자만
100여 명에 달하고 피해 액수는 100억 원이 넘었습니다.

신문에 기사형 광고가 넘치는 가운데 기사형 광고 전문·대행 업
체도 성업 중입니다. 사기 사건에 동원됐던 기사형 광고는 건당 20
만 원대에 거래됐다고 합니다.

2022년 한국광고자율심의기구가 종이 신문, 잡지 등 오프라인

매체별 분류					결정별 분류	
매체명	**주의**	**권고**	**기각**		**주의**	11,187
경향신문	454	8	10		**권고**	47
동아일보	456	1	6		**기각**	178
조선일보	454	8	10		**총 결정 건수** **(권고·기각 포함)**	11,142
중앙일보	341	2	4			
한겨레	2	0	0		**총 위반 건수**	11,187
한국일보	25	1	4			

자료: 한국광고자율심의기구

2022년 기사형 광고 적발 통계

매체 80여 종을 대상으로 조사한 결과 1만 1,187건의 기사형 광고를 찾아냈습니다. "기자는 국가를 지키는 파수꾼이다."라는 말이 있습니다. 현대 저널리즘의 창시자로 불리는 미국 언론인이자 퓰리처상을 만든 조지프 퓰리처가 한 말입니다. 여기서 국가는 정부를 넘어 사회 공동체를 뜻합니다. 기사형 광고가 즐비한 신문은 사회 공동체가 아니라 광고주만을 지키는 파수꾼에 불과합니다.

쓰레기 기사, 어뷰징

지금 우리는 '정보의 홍수'를 넘어 '미디어의 홍수' 시대에 살고 있습니다. 기성 매체들 말고도 수많은 인터넷 매체가 치열한 경쟁을

이대로 속고만 살 수 없다

벌이죠. 인터넷 공간에서 언론사들은 '페이지뷰'(page view, PV), 쉽게 말해 얼마나 많은 사람이 뉴스를 클릭했는가를 두고 경쟁합니다. 클릭을 많이 받아야 PV를 기준으로 책정되는 광고비를 더 높게 받을 수 있습니다. 상황이 이렇다 보니 내용이 부실하고 뉴스의 기본 원칙조차 지키지 못한 기사가 자극적인 방식으로 클릭을 유도하곤 합니다.

어뷰징 기사는 클릭을 유도하는 대표적인 기사 유형입니다. 포털 사이트에서 검색 결과의 최상단에 노출되기 위해 기존 기사를 제목과 내용만 조금씩 바꿔 다시 전송하거나 토씨조차 바꾸지 않고 아예 똑같은 기사를 재전송합니다. 언론사가 트래픽에 집착해서 어뷰징을 남발할수록 멀쩡한 기자들도 망가지게 됩니다. 좋은 기사를 쓰기보다 그저 클릭 수에만 얽매이는 노예가 되거든요.

어뷰징으로 트래픽을 끌어오는 것이 수많은 언론의 당면 과제였고, 그 결과 뉴스의 질은 일반인의 낙서 수준으로 떨어졌습니다. 수준이 떨어지고 자격을 갖추지 못한, 무의미한 기사가 넘쳐 나면서 공론장이 되어야 할 인터넷 공간은 쓰레기장으로 전락했습니다. 악화는 양화를 구축합니다. 나쁜 게 좋은 걸 밀어낸다는 뜻입니다. 결국 언론 기사는 위키피디아, 유튜브 가짜 뉴스, 온라인 카페 글에 자리를 내주고 말았습니다. 인터넷 공간은 더 이상 집단 지성의 전당이 아닙니다. 반지성과 허위 정보의 집결지가 됐죠.

지금은 폐지됐지만 포털 사이트에 '실시간 검색어 순위'가 있었을 때는 순위에 오른 검색어들이 많이 검색됐습니다. 그렇다 보니 검색어를 포함한 무의미한 낚시성 기사들이 많이 만들어졌습니다.

예전에 한 여배우가 사망해 실시간 검색어 순위에 오르자, 어떤 인터넷 언론사는 해당 배우가 과거에 비키니 수영복을 입고 찍었던 사진을 강조한 기사를 올렸습니다. 클릭을 유도하기 위한 낚시성 기사였죠.

실시간 검색어 순위가 사라지면서 전보다 어뷰징 기사가 줄어들긴 했지만, 어뷰징 관행은 여전합니다. 특정 이슈가 부각되면 어뷰징 기사가 다시 도집니다.

뉴스는 두 종류로 나뉩니다. 즉각 즐거움을 주지만 장기적으로 무익한 '연성 뉴스'(soft news)와 지루하고 재미없지만 장기적으로 유익한 '경성 뉴스'(hard news)입니다. 연예나 스포츠 관련 소식 등 자극적인 재미가 있어 사람들이 '원하는 것'(wants)이 연성 뉴스라면, 정부 정책, 경제 흐름, 국제 정세 등 복잡하고 지루하지만 사람들이 알아야 할, 즉 꼭 '필요한 것'(needs)이 경성 뉴스입니다.

언론은 시민에게 '필요한' 뉴스를 보도하는 데 집중해야 하지만, 현실은 정반대입니다. 언론은 당장 사람들이 '원하는' 뉴스, 즉 사람들의 주의를 끄는 자극적이고 선정적인 뉴스를 보도하기 바쁩니다. 어뷰징도 '필요한 것'이 아니라 '원하는 것'을 전달하는 측면에서 이

이대로 속고만 살 수 없다

해할 수 있습니다.

　"언론은 사람들이 알기 원하는 것이 아니라 알아야 할 필요가 있는 것을 말해야 한다." 미국의 전설적인 뉴스 진행자 월터 크롱카이트가 한 말입니다.

° 경성 뉴스와 연성 뉴스는 무엇이 다를까?

경성 뉴스는 최근 24시간 내에 일어났거나 드러난 사건을 중심으로 보도하며, 특히 사회적 관심이 높은 쟁점이나 범죄 사건을 다루는 것이 특징이다. 반면에 연성 뉴스는 시의성이나 중요성 등의 제약을 받지 않고, 일상생활의 이야기를 다루거나 선정적이고 오락적인 이야깃거리를 다루는 특징이 있다.

거짓을 반복하면 진실이 된다고?

"가짜 뉴스를 좇는 사람들은 똥 먹는 병에 걸린 것이나 다름없습니다." 프란치스코 교황이 도널드 트럼프 후보를 지지한다는 가짜 뉴스(144쪽 참고)가 급속히 확산되자, 교황이 직접 반박하며 한 발언입니다. 교황의 위치를 감안하면 그가 할 수 있는 가장 심한 욕을 한 셈입니다. 교황은 가짜 뉴스와 관련해서 "해가 되지 않는 허위 정보란 없다. 거짓말을 믿으면 끔찍한 결과가 초래될 수 있다."라고도 했습니다.

'교황의 트럼프 지지'라는 가짜 뉴스를 적극적으로 공유하고 퍼뜨린 사람들은 누구일까요? 트럼프 후보의 지지자들이었습니다. 가짜 뉴스인 줄 알고 그랬든 모르고 그랬든, 그들은 교황이 트럼프를 지지한다는 가짜 뉴스를 많은 사람이 알길 바랐을 테지요.

정치는 가짜 뉴스를 좋아해

대통령에 당선된 트럼프는 수시로 거짓말을 일삼았습니다. 《워싱턴포스트》는 트럼프 대통령이 취임 이래 869일 동안 "거짓이거나 오해를 유발하는 주장"을 1만 796건 한 것으로 보도했습니다. 특히 2018년은 '유례없는 기만의 해'였는데, 하루 평균 10건 이상의 허위 사실을 말했다고 합니다. 2018년 9월 7일에는 허위 정보를 폭포수처럼 쏟아 내면서 누적 거짓말 5,000건을 돌파했고, 이날 두 시간 동안 허위 주장을 무려 125건이나 했습니다. 1분에 1개씩 거짓말을 한 셈입니다.

2017년 1월 20일, 트럼프 대통령 취임식이 있었습니다. 다음 날, 미국 언론은 트럼프 대통령 취임식에 90만 명이 모였고, 전임 대통령인 오바마 때는 두 배인 180만 명이 모였다고 보도했습니다. 숀 스파이서 당시 백악관 대변인은 "언론이 트럼프 대통령의 취임식 참석 인원을 의도적으로 축소했다."라며 불만을 토로했습니다. 행사 당일 근처 지하철역 승하차 인원이 42만 명이었다며, 전임 오바마 취임식 때는 32만 명에 불과했다고 주장했지요. 그러나 그가 인용한 수치는 근거 없이 멋대로 꾸며 낸 것이었습니다.

이후 거짓말 브리핑에 대한 백악관 측 해명이 더 큰 논란을 불러왔습니다. "왜 대변인이 거짓말을 하느냐?"라는 질문에 켈리앤 콘웨

3장 우리를 속여서 얻는 게 뭐야?

이 백악관 고문은 놀라운 말을 쏟아 냈습니다. "자꾸 우리가 거짓말을 한다고 말하는데, 우리는 거짓말을 한 것이 아닙니다. 대안적 사실(alternative facts)을 제시한 거죠." 이에 기자는 곧바로 "그건 대안적 사실이 아닙니다. 그냥 거짓말이죠."라고 반박했습니다. "누구나 자기 의견을 가질 수 있다. 그러나 자기만의 사실을 가질 권리는 없다." 미국 정치인 대니얼 패트릭 모이니핸이 남긴 말은 여전히 의미가 큽니다.

민주주의의 실현을 요구하는 광주 시민들의 자발적인 민주 항쟁이었던 1980년 5·18 민주화 운동에 북한군 개입설을 주장하는 것처럼, 명백한 과학적 진실조차 부정하는 사람들이 있습니다. 독일 나치 체제하에서 언론과 문화를 통제하고 대중의 선동 역할을 했던 요제프 괴벨스는 "거짓말은 처음에는 부정되고 그다음엔 의심받지만 되풀이하면 모든 사람이 믿게 된다."라고 했습니다. 거짓을 반복하면 거짓이 탄로 나는 게 아니라 진실이 되는 역설입니다. 정치에서 가짜 뉴스를 활용하는 이유입니다.

정치가 얻는 게 뭐야?

가짜 뉴스가 잦아들지 않는 배경에는 정치적 이유가 크게 자리 잡고 있습니다. 앞에서 봤던 여러 원인은 대체로 가짜 뉴스를 퍼뜨리고 조회 수를 높여 경제적 이득을 얻기 위한 것들이었습니다. 정치가 가짜 뉴스를 부추기는 까닭은 직접적인 경제적 이익을 위해서는 아닙니다. 가짜 뉴스의 내용 그 자체로부터 일정한 이득을 얻으려는 것이죠. 선거 등 정치권력을 얻기 위한 대결적 상황에서 특정 세력이 불특정 다수의 생각을 바꾸고 정치적 선택을 왜곡하기 위해 가짜 뉴스를 퍼뜨리거든요.

가짜 뉴스 문제가 대두된 것은 2016년 미국 대선과 영국 브렉시트 투표였습니다. 팩트체크 웹사이트 폴리티팩트(PolitiFact.com)는 페이스북과 함께 2016년 미국 대선 이후 1년간 가짜 뉴스를 퍼뜨리는 웹사이트 330여 곳을 찾아냈습니다. 미국의 인터넷 매체 버즈피드뉴스의 선임 기자 크레이그 실버먼은 2016년 미국 대선 당시 페이스북에서 가장 많이 공유된 진짜 뉴스와 가짜 뉴스를 각각 20개씩 골라 추적했습니다. 대통령 선거를 한참 앞둔 시점에서는 진짜 뉴스가 가짜 뉴스보다 3~4배 더 많이 퍼졌지만, 선거가 가까워지자 가짜 뉴스의 확산 속도가 빨라져 진짜 뉴스를 압도했습니다.

가짜 뉴스는 대통령 선거처럼 중요한 정치적 이벤트가 있을 때 기승을 부립니다. 우리나라에서도 대통령 선거나 총선이 있을 때마다 가짜 뉴스가 들끓습니다. 국내에서는 박근혜 탄핵 심판과 이어지는 대통령 선거 즈음해서 가짜 뉴스가 널리 퍼졌습니다. 다른 나라

들과 마찬가지로 특정 정치 세력이 선거 판을 자신들에게 유리하게 이끌어 가려고 가짜 뉴스를 생산·유포했습니다. 소셜미디어가 유포의 온상이었습니다.

큰 정치적 이슈가 있을 때 가짜 뉴스가 널리 퍼지는 이유는 다양합니다. 발생론적 관점에서 보면, 가짜 뉴스는 소셜미디어 환경에서 나타나는 정치 커뮤니케이션 현상 중 하나입니다. 이 때문에 큰 정치 이벤트가 있을 때마다 소셜미디어에서 가짜 뉴스는 기승을 부립니다. 더 중요한 이유는 정치적 이익을 위해 네거티브(negative, 정치에서 상대 후보의 부정적인 면을 들추어 비방함) 전략으로 가짜 뉴스를 악용하는 것입니다. 특정 정치 세력이 가짜 뉴스를 조작하고, 이를 소셜미디어, 인터넷 커뮤니티, 블로그 등을 통해 조직적으로 퍼뜨립니

	가짜 뉴스 제목	매체 이름	공유·댓글 수
1	"프란치스코 교황, 트럼프 지지로 전 세계를 놀라게 했다"	엔딩 더 페드	96만 건
2	"위키리크스, 클린턴이 이슬람 국가에 무기 판매 확인"	더 폴리티컬 인사이더	78만 9,000건
3	"클린턴의 이슬람 국가 이메일 유출, 상상했던 것보다 더 끔찍해"	엔딩 더 페드	75만 4,000건
4	"클린턴, 어떤 공무직에도 걸맞지 않아"	엔딩 더 페드	70만 1,000건
5	"클린턴 이메일 용의자 FBI 요원, 아내 죽인 뒤 자살한 채 발견"	엔딩 더 페드	56만 7,000건

자료: 버즈피드뉴스

2016년 미국 대선 때 페이스북으로 유통된 가짜 뉴스 상위 5개

이대로 속고만 살 수 없다

다. 이런 가짜 뉴스에는 상대 후보나 진영에 대한 비방이나 조작된 정보가 포함됩니다.

가짜 뉴스에는 특정 정치 세력이 반길 만한 내용이 많습니다. 가령 상대 후보나 진영의 치부나 비리를 폭로하는 내용은 반대 세력에는 무척 반갑겠죠. 반대 후보의 지지자들은 이런 뉴스에 열광하기 마련입니다. 자연스레 주변 사람에게 마구 공유하겠죠. "지나치게 반갑고 믿을 수 없이 기쁜 기사는 일단 의심하라." 이 문장은 24시간 뉴스만 방영하는 미국 케이블 뉴스 방송망 CNN의 가짜 뉴스 구별법에 나오는 내용입니다. 믿을 수 없이 반가운 뉴스라면 일단 의심할 필요가 있습니다. 슬기로운 미디어 생활을 위해 의심하고 검증하는 습관을 길러야 합니다.

° 폴리티팩트는 어떤 곳일까?

폴리티팩트는 정치 관련 가짜 뉴스를 검증하는 미국의 팩트체크 사이트다. 2007년 《탬파베이타임스》의 비영리 단체 프로젝트로 시작했다. 2008년 미국 대선에서 팩트체크를 저널리즘의 영역으로 이끌었다는 평가를 받는다.

4장

이제 다신
속지 않겠다

...

가짜 뉴스가 왜 위험할까?

2021년 2월 13일, 규모 7.3의 강진이 일본 후쿠시마를 강타했습니다. 당시 일본에서는 조선인이 후쿠시마 우물에 독을 넣는 것을 봤다는 글이 소셜미디어를 타고 번졌습니다. 트위터에는 재일(在日) 코리안 도둑을 조심하라는 등의 차별적인 글들도 올라왔습니다. '그저 장난 글에 불과한데, 무슨 호들갑이냐'는 일본인들도 있지만, 가볍게 볼 일이 아닙니다.

"조선인들이 우물에 독약을 탔다." 1923년 1월 일본의 관동대지진 때 퍼진 의도적인 유언비어입니다. 엄청난 지진 피해로 민심이 흉흉해지자 일본 정부는 "재난의 혼란함을 틈타 이득을 취하려는 무리가 있다. 조선인들이 방화와 폭탄 테러, 강도 등을 벌이고 있으니 주의하라."라는 지시를 각 경찰서에 내려보냈습니다.

혐오와 증오를 부추긴다

1923년 일본 정부가 각 경찰서에 내려보낸 지시는 전혀 근거 없는 것이었습니다. 하지만 한국인을 향한 혐오로 인해, 수천 명의 조선인이 학살당했습니다. 이른바 관동대지진 조선인 대학살로 대략 3,000명에서 6,000명에 이르는 무고한 재일 한국인이 사망한 것으로 추산됩니다.

'세월호 유가족 피해자만 과도한 보상을 받았다.', '1980년 5·18 민주화 운동 당시 북한 특수군이 내려왔다.' 등의 가짜 뉴스가 넘쳐납니다. 가짜 뉴스 탓에 많은 사람의 인지 자원이 낭비되고 있습니다. 게다가 가짜 뉴스는 커다란 사회적 비용을 유발합니다. 가짜 뉴스는 사회적 갈등을 일으키고, 집단 혐오와 증오를 부추깁니다. 특히 타민족, 다른 인종에 대한 혐오는 가짜 뉴스와 긴밀히 얽혀 있답니다.

14세기 유럽에서 흑사병이 돌 무렵, 유대인 박해의 명분으로 유대인이 우물에 독을 탔다는 가짜 뉴스가 동원되었습니다. 흑사병을 퍼뜨렸다는 혐의로 유대인을 구덩이에 넣고 산 채로 불태웠습니다. 20세기 초에는 나치 정권 이인자였던 요제프 괴벨스가 라디오를 통해 유대인에 대한 가짜 뉴스를 퍼뜨렸습니다. 유대인 때문에 독일 경제가 나빠지고 있다는 허위 뉴스를 반복적으로 보도하게 했습니

이대로 속고만 살 수 없다

일본 관동대지진 당시 가짜 선동으로 인해 살해당한 조선인들

다. 그렇게 독일인이 유대인에게 적개심을 갖도록 부추겼습니다. 유대인에 대한 혐오는 차별로 이어졌고, 더 나아가 학살까지 벌어졌습니다. 제2차 세계대전 때 독일 나치는 600만 명의 유대인을 학살했습니다.

오늘날에도 이런 일들이 벌어지고 있습니다. 혹시 로힝야족에 대해서 들어 봤나요? 이들은 주로 미얀마 서부 라카인주에 사는 무슬림 소수 민족으로, 불교도와 버마족이 대다수인 미얀마에서 탄압을 받아 왔습니다. 특히 2017년 미얀마 군대에 의해 수만 명의 로힝야 사람들이 목숨을 잃었고 수십만 명이 국경을 넘어서 탈출했습니다. 유엔 진상조사단이 발표한 자료에 따르면, 수년 사이에 2만 5,000명이 살해됐고 90만 명이 방글라데시 난민촌에서 생활하고 있습니다. 주목할 만한 것은 2013년 무렵 미얀마에 인터넷이 보급되고 페이스북이 개설되면서 로힝야족에 대한 혐오를 부추기는 가짜 뉴스가 기승을 부렸다는 점입니다. 로힝야 사람들을 개, 돼지로 묘사하거나 로힝야 사람들이 테러를 저질렀다거나 여성을 성폭행했다는 가짜 뉴스였습니다. 가짜 뉴스가 혐오와 폭력을 합리화했습니다.

2002년부터 2012년까지 10년간, 헝가리에서는 외국인 혐오자 비율이 24~34퍼센트를 오르내렸습니다. 그러나 2016년에는 이 비율이 53퍼센트까지 급등했습니다. 이러한 변화는 수십만 명에 이르는 시리아, 아프가니스탄 난민이 헝가리로 몰려들면서 일어난 것입니다. 그런데 이들 난민의 목적지는 헝가리가 아니라 독일이나 오스트리아였습니다. 헝가리는 경유지로 잠시 거쳐 갈 뿐이었죠. 대부분의 헝가리인은 난민을 마주칠 일이 거의 없었습니다. 외국인 혐오증을 자극하고 선동한 건 헝가리 정부였습니다. 정부가 국민을 선동하는 광고를 내보내며 혐오를 부추겼거든요. 광고에는 "이민자가 파리 테러 공격을 저지른 사실을 아십니까?", "유럽에서 이민자들이 몰려든 이후 성추행이 증가한 사실을 아십니까?"와 같이 자극적인 문구가 포함되어 있었습니다.

집합론의 창시자로 유명한 수학자 게오르크 칸토어는 무지의 보존 법칙에 대해 말한 적이 있습니다. 진실이든 아니든, 하나의 개념이 널리 인정되고 받아들여져 역사적으로 굳어지면 쉽게 바뀌지 않는 현상을 무지의 보존 법칙이라고 합니다. 타민족, 다른 인종에 대한 혐오와 가짜 뉴스는 그래서 무서운 문제입니다.

민주주의를 위협한다

가짜 뉴스의 가장 심각한 문제는 민주주의에 대한 위협입니다. 가짜 뉴스는 편 가르기와 거짓 선동으로 의견이 다른 사람들 사이에 반목을 조장하고 증오를 불러일으킵니다. 사회를 분열시키는 것이죠. 더 나아가 선거에서도 특정한 방향으로 여론을 왜곡해 민주주의를 위협할 가능성이 큽니다. 여론 선동과 조작에 자주 노출되다 보면, 시민들은 언론과 정치를 불신하고 정치 무관심과 냉소에 빠져들 수 있습니다. 그 결과 정치 참여나 공동체 활동에서 멀어집니다. 시민이 정치 참여를 그만둔다? 이는 민주주의의 기반이 뿌리째 흔들린다는 것이며, 심각한 경우에는 민주주의 붕괴로 이어질 수 있습니다.

언론, 소셜미디어 등 정보 제공자가 가짜 뉴스를 양산하거나 조장하는 경우 사회질서와 이용자의 정치적 판단에 악영향을 끼쳐 궁극적으로 민주주의를 교란할 위험이 있습니다. 유럽연합 집행위원회의 보고서에는 "허위 정보는 시민과 사회 전반에 해악을 주고 있다. 이와 같은 해악의 위험은 선거와 같은 민주주의적 정치 과정, 의료, 과학, 금융 등 사회의 다양한 분야에서 공공 정책을 형성하는 민주적 가치에 대한 위협을 포함한다."라는 가짜 뉴스의 위험성을 경고하는 내용이 있습니다.

과거에 권위를 인정받았던 정부, 언론, 전문가(과학자) 등에 대한 신뢰가 갈수록 떨어지는 상황입니다. 시민 개개인이 그 누구도 믿지 못하는 가운데 확증 편향만 심화되고 있습니다. 보고 싶은 것만 보고 믿고 싶은 것만 믿는 확증 편향은 배타적 집단의식을 강화하고 이념적·정치적·사회적 양극화를 초래합니다. 사실과 의견의 경계가 모호해지고 사실 자체에 대한 불일치가 확대되면 공적 의제에 대한 의미 있는 토론이 불가능해집니다.

2016년 영국의 유럽연합 탈퇴 결정은 가짜 뉴스가 여론과 민의를 왜곡해 민주주의의 의사 결정을 비튼 사례입니다. 일부 정치인과 언론, 단체 등은 영국이 유럽연합을 탈퇴하면 장밋빛 미래가 보장되는 것처럼 선동했습니다. 그 결과 브렉시트에 관한 국민투표는 유럽연합 탈퇴로 결론 났습니다.

브렉시트를 지지하는 단체인 보트 리브(Vote Leave)는 '터키 난민 대거 유입설', '유럽연합에 내는 천문학적 분담금을 국민 보건 서비스에 투입' 등의 가짜 뉴스를 대대적으로 퍼뜨렸습니다. 하루에 무

이대로 속고만 살 수 없다

려 250만 부를 판매하는 영국 유명 일간지 《더선》은 '여왕이 브렉시트를 지지한다', '유럽연합이 영국과 프랑스를 합병하려고 한다' 같은 가짜 뉴스를 보도했습니다. 브렉시트를 찬성하는 보수당에서는 영국 시민이 낸 세금 가운데 3억 5,000만 파운드가 유럽연합에 보내진다고 주장했습니다. 유럽연합을 탈퇴하면 그 돈으로 더 많은 복지에 투자할 수 있다고 선동했습니다. 통계청과 독립기관인 재정연구원이 사실이 아님을 밝혔지만, 허사였습니다.

2021년 초에 브렉시트가 완료됐습니다. 브렉시트 찬성론자들이 제시한 장밋빛 전망은 현실이 되었을까요? 영국의 콜린스 사전은 '2022년 올해의 단어'로 '영구적 위기'라는 뜻의 permacrisis를 선정했습니다. '영속적인'을 의미하는 permanent와 '위기'를 뜻하는 crisis의 합성어입니다. 장밋빛 미래는 사라지고 잿빛 현실만 남았습니다.

◦ 브렉시트란 무엇일까?

영국을 뜻하는 단어 '브리튼'(Britain)과 탈퇴를 뜻하는 '엑시트'(exit)를 합성해 만들었다. 영국의 유럽연합 탈퇴는 2016년 국민투표로 결정됐으며, 이로써 영국은 2020년 1월 31일 유럽경제공동체(EEC)에 합류한 지 47년 만에 공식적으로 탈퇴했다.

가짜 뉴스 가해자가 보상하게 하면 어떨까?

'5·18 유공자는 연금을 받는다.', '5·18 유공자만 귀족 대우를 받는다.', '5·18 유공자가 5~10퍼센트에 달하는 가산점을 받아 공직을 독점한다.', '2004년에 5·18 유공자의 자식들이 8~9급 공무원 시험에서 80퍼센트 이상 싹쓸이 합격했다.' 모두 5·18 유공자와 관련된 가짜 뉴스입니다.

가짜 뉴스들은 하나같이 5·18 유공자들이 받는 혜택을 거짓으로 부풀렸습니다. 대표적인 게 5·18 유공자가 다달이 연금을 받는다는 내용입니다.

이대로 속고만 살 수 없다

현행법으로 피해 구제가 가능할까?

1980년 5월 18일 전라남도 광주에서 일어난 5·18 민주화 운동의 피해자는 국가보훈부가 지정하는 '5·18 민주 유공자'로 분류됩니다. 하지만 5·18 민주 유공자와 국가유공자는 서로 다른 범주입니다. 국가유공자는 '국가유공자 지원 법률'에 따라 매월 보훈 급여금을 받습니다. 일종의 국가유공자 연금이죠. 여기에는 순국선열, 애국지사, 전몰·전상·순직·공상 군경 등이 속합니다. 반면에 5·18 유공자는 별도의 연금은 받지 못하고 2002년 제정된 '5·18 민주 유공자 예우에 관한 법률'에 따라 유공자 혜택만 받습니다.

현재 가짜 뉴스를 처벌할 수 있는 가장 강력한 법적 근거는 명예훼손죄입니다. 형법 제307조 제2항에 '허위 사실 적시에 의한 명예훼손'은 5년 이하 징역 또는 1,000만 원 이하의 벌금에 처한다고 규정되어 있습니다. 게다가 형법은 허위 사실뿐만 아니라 사실을 적시(摘示), 곧 지적하여 제시하는 경우도 명예훼손죄를 적용합니다. 형법 제307조 제1항은 '사실 적시에 의한 명예훼손'을 2년 이하 징역이나 금고 또는 500만 원 이하의 벌금에 처한다고 되어 있습니다. 한편 형법 제308조는 죽은 사람의 명예를 훼손해도 처벌하도록 규정합니다.

특히 인터넷 같은 정보통신망을 이용한 명예훼손은 '정보통신망 이용촉진 및 정보보호 등에 관한 법률'에 처벌을 정해 두었습니다. SNS나 유튜브 등을 통한 명예훼손도 여기에 해당합니다. 정보통신망으로 허위 사실을 유포해 명예를 훼손하면 7년 이하 징역 또는 5,000만 원 이하의 벌금에 처합니다. 산 자든 죽은 자든 간에 누군가의 명예, 즉 인격에 대한 평가는 한번 훼손되면 쉽게 회복하기 어렵기 때문에 명예훼손죄를 엄하게 다스리는 것입니다. 특히 인터넷이나 SNS 등에 퍼진 허위 사실은 주워 담기가 어렵다는 점에서 통상적인 명예훼손보다 처벌 강도가 더 셉니다.

유명 정치·시사 유튜버들은 종종 명예훼손으로 수사를 받고 거액의 손해배상청구소송을 당하는 반면, 기자나 언론사는 명예훼손죄로 처벌받을 가능성이 낮습니다. 따라서 가짜 뉴스로 인해 피해를 입은 경우, 구제 요청을 하더라도 이길 확률이 높지 않습니다. 기자가 개인적 원한 관계나 이익을 위해서가 아니라

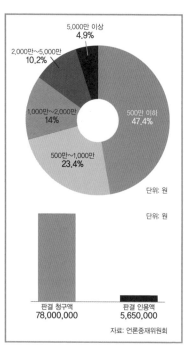

2009~2018년 언론 관련 손해배상 판결
인용액 비율(위), 최빈액(아래)

이대로 속고만 살 수 없다

공공의 이익을 위해 기사를 썼다고 보기 때문에 형식상 명예훼손으로 보여도 실제로 무죄라고 판단하기 때문입니다.

언론을 상대로 승소한다 하더라도 손해배상액이 턱없이 적습니다. 언론중재위원회에 따르면, 2019년 매체별 민사소송 건수는 334건, 언론중재위원회의 조정 사건은 3,544건이었습니다. 둘 다 10년간 3배가량 늘어난 수치입니다. 소송은 늘었지만 손해배상액은 매우 적은 편입니다. 언론중재위원회의 '언론 관련 판결 분석 보고서'에 따르면 2009년부터 2018년까지 언론 관련 손해배상 판결 인용액은 500만 원 이하가 47.4퍼센트나 됐습니다. 500만 원~1,000만 원이 23.4퍼센트, 1,000만 원~2,000만 원이 14퍼센트였습니다. 5,000만 원 이상은 겨우 4.9퍼센트에 불과했습니다.

징벌적 손해배상제가 필요해!

5·18 민주화 운동을 허위 사실로 날조하는 자들로부터 받은 피해자들의 상처는 어디에서 어떻게 보상받아야 할까요? 지금도 명예훼손으로 죄를 묻고 피해를 보상받을 수 있습니다. 하지만 피해를 보상받으려면 민사소송을 거쳐야 하고 손해배상액도 적습니다. 특히나 언론의 과장·왜곡 보도가 기업의 흥망, 한 사람의 인생에 돌이

킬 수 없는 파급 효과를 가져온다면요? 앞서 살펴본 것처럼 표현의 자유, 언론의 자유는 중요합니다. 그러나 남의 인권을 짓밟을 자유, 가짜 뉴스로 명예를 훼손할 자유는 표현의 자유가 아닙니다.

영화 〈기생충〉(2019)에서 기택(송강호 분)은 대만 카스텔라 가게를 차렸다가 망했다고 말합니다. 대만 카스텔라는 2016년 국내에 상륙해 한때 매장 수가 400개를 넘어설 정도로 성황을 이뤘습니다. 그러나 인기는 오래가지 못했습니다. 한 음식 고발 프로그램에서 카스텔라에 쓰인 식용유를 문제 삼으면서 내리막을 걷게 됐습니다. 버터를 아끼기 위해 식용유를 사용한다는 내용이었습니다. 대만에서도 원래부터 식용유를 사용한 조리법을 따른다고 반박했지만, 사태는 진정되지 않았습니다. 결국 대부분의 매장이 문을 닫았습니다.

'김영애 황토팩'은 지금은 고인이 된 연예인 김영애 씨가 최대 주주로 설립 3년 만에 누적 매출액 1,000억 원을 달성하며 성공 가도를 달렸습니다. 그런데 2007년 〈소비자 고발〉이라는 방송 프로그램에서 제품에서 중금속이 검출됐다고 보도하면서 내리막을 걸었습니다. 방송 이후 회사는 판로가 막혀 부도 위기에 내몰렸고, 법정 공방 끝에 무해하다는 판결을 받았습니다. 보도와 달리 검출된 중금속은 황토에 포함된 자철석이었고, 인체에 해롭지 않다고 결론 났지요. 그러나 이미 회사는 폐업했습니다.

오늘날 우리나라에 징벌적 손해배상제가 절실한 이유는, 앞서 살

이대로 속고만 살 수 없다

펴본 것처럼 현재 배상액이 너무 적다는 데 있습니다. 기성 언론이나 수억 원의 수익을 올리는 유튜버 입장에서 수백만 원 배상금은 속된 말로 '껌값'에 불과합니다. 더 많은 돈을 벌기 위한 필요 경비일 뿐이죠. 징벌적 손해배상제가 필요한 또 다른 이유는, 돈을 벌기 위해 가짜 뉴스를 퍼뜨리는 경우가 많기 때문입니다. 커다란 제재가 없다면 돈이 되는 가짜 뉴스를 포기할 이유가 전혀 없습니다.

징벌적 손해배상 제도가 정착되면 언론의 무책임한 보도 행태는 개선될 것입니다. 무책임한 보도로 언론사의 존폐가 위태로울 수 있다는 생각이 자리 잡으면 보도 행태도 달라질 수밖에 없습니다. 미국에서는 대선 조작설을 퍼뜨린 폭스뉴스의 〈루 돕스 투나잇Lou Dobbs Tonight〉이라는 프로그램에 무려 27억 달러, 우리 돈 3조 5,000억 원 규모의 손해배상청구소송이 제기됐습니다. 가짜 뉴스가 거액의 배상금을 불러온다면 언론의 입이 무거워지지 않을까요?

∘ 5·18 민주화 운동이란 무엇일까?

5·18 민주화 운동은 1980년 5월 18일부터 5월 28일까지 광주 시민과 전라남도 사람들이 중심이 되어 조속한 민주 정부 수립, 전두환 보안 사령관을 비롯한 신군부 세력의 퇴진 및 계엄령 철폐 등을 요구하며 전개한 민주화 운동이다.

국가가 뉴스를
단속하면 어떨까?

  1799년 프랑스 파리에서는 여성이 남성의 옷을 입으려면 당국의 허가를 받아야 한다는 법을 만들었습니다. 프랑스혁명 이후 여성 노동자들은 상퀼로트(sans-culotte, 귀족이 입던 무릎까지 오는 반바지 형태의 퀼로트가 아닌 긴바지를 뜻하며, '퀼로트를 입지 않은 사람' 곧 민중을 의미함)를 입고 남녀평등과 여성의 정치 참여를 주장했죠.

  그러자 파리시는 이를 억압하기 위해 여성의 바지 착용을 금지하는 법을 만들었습니다. 이 법은 일찍이 효력을 상실했지만, 실제로 폐지된 것은 214년 만인 2013년이었습니다.

이대로 속고만 살 수 없다

법으로 규제하면 가짜 뉴스가 사라질까?

법은 권리를 보호하는 수단이 아니라 억압하는 장치로 쓰일 수도 있습니다. 무언가를 규제하는 법을 만들 때 신중해야 하는 이유입니다. 당장은 좋은 의도로 만든 법일지라도, 나중에는 법을 악의적으로 해석하고 집행하는 세력이 나타날 수 있습니다. 가짜 뉴스를 엄하고 무겁게 처벌하는 법도 자칫 정권에 순종하지 않는 언론과 시민을 길들이는 재갈과 채찍으로 활용될 수 있습니다.

가짜 뉴스는 사회에 심각한 문제를 만들어 냅니다. 선량한 사람이 졸지에 나쁜 사람이 되기도 하고, 깨끗한 정치인이 부패 정치인으로 낙인찍히기도 합니다. 공정해야 할 기업 간 경쟁을 법적 다툼으로 얼룩지게 만들기도 하지요. 가장 심각한 문제는 가짜 뉴스가 여론을 왜곡하고 민주주의를 파괴한다는 점입니다. 그래서 가짜 뉴스를 강력하게 규제해야 한다는 주장이 힘을 얻고 있습니다. 가짜 뉴스의 확산을 막기 위해 가짜 뉴스를 만들고 퍼뜨리는 사람들을 강력히 처벌하자는 주장입니다. 전 세계는 가짜 뉴스를 해결하려고 다양한 방안을 모색 중인데, 그중 하나가 국가가 직접 가짜 뉴스를 단속하는 것입니다.

독일은 강력한 법적 대처를 하는 나라 중 하나입니다. 독일은 2010년대 이후 극우 세력의 극성으로 사회적 갈등을 겪어 왔습니다. 극우 세력은 독일 정부의 난민 수용 정책에 반대하며 반이슬람 정서(외국인 혐오)를 자극했습니다. 페이스북, 유튜브, 트위터 등 소셜미디어에서 벌어지는 논쟁이 공격적이고 인종 차별적인 모습을 띠면서 이를 규제해야 한다는 공감대가 형성됐습니다. 또한 2017년 총선에서는 '메르켈이 테러리스트와 사진을 찍었다'는 등 앙겔라 메르켈 전 총리를 흠집 내려는 가짜 뉴스가 기승을 부렸습니다.

독일 정부는 SNS 기업들이 자발적으로 가짜 뉴스를 삭제하도록 유도했으나 효과가 없자 '소셜네트워크에서 법집행을 개선하기 위한 법률'(이하 네트워크 법집행법)을 제정했습니다. 이 법은 SNS의 혐오 발언과 불법적인 게시물에 대한 기업의 책임을 강조합니다. 법률을 적용받는 기업은 이용자 200만 명 이상인 대형 소셜미디어 플랫폼이고, 법률을 위반한 기업은 최대 5,000만 유로(약 680억 원)의 벌금을 부과받습니다.

네트워크 법집행법은 현재 시행 중이지만, 여전히 논란이 있습니다. 네트워크 법집행법을 비판하는 쪽에서는 자의적인 판단으로 삭제 조치가 이뤄져 표현의 자유를 침해할 수 있고, 검열 기능으로 악용될 수 있다는 우려를 제기합니다. 또한 가짜 뉴스 판단의 주체가 사법기관이 아닌 민간 기업이라는 점도 문제 삼습니다. 콘텐츠의 불법성을 판단하는 '자율 규제 기구'를 플랫폼 사업자들이 출연한 재원으로 만들거든요. 독일 언론은 이 법이 표현의 자유를 제한하는 위헌적인 법률이라고 비판하고 있습니다.

법 규제의 한계를 넘으려면?

가짜 뉴스가 무엇인지, 누가 이를 판단할지가 가장 큰 쟁점입니다. '내가 하면 진짜 뉴스, 남이 하면 가짜 뉴스'라는 말이 나돌 정도로, 진영이 다르면 무조건 가짜 뉴스라고 매도하는 사람이 많습니다. 어떠한 표현에서 사실과 의견을 구분하는 일부터 간단치 않고, 진실과 거짓을 판단하는 일은 더욱 어렵습니다. 가짜 뉴스의 범위와 정의에 대해 사회적 합의를 끌어내기 어렵고, 사회적 합의가 없다면 관련 규정을 만드는 것이 쉽지 않습니다.

가짜 뉴스 규제 법안들은 일반적으로 "정치적 또는 경제적 이익을 위하여"(목적), "거짓 또는 왜곡된 사실"(내용)을, "언론 보도로 오인하게 하는"(방식) 허위 정보를 가짜 뉴스로 정의합니다. 하지만 정치적 또는 경제적 이익이라는 목적부터 너무 추상적이고 포괄적입니다. 규제하는 대상이 모호하면, 법은 법으로서의 기능을 충실히 하기 어렵습니다. 헌법은 법을 만들 때 '명확성의 원칙'을 요구합니다. 무엇이 죄가 되는지 불분명하면 국민이 법을 지키기 어렵고, 검사와 판사 역시 법률을 자의적으로 해석해 판단할 여지가 커집니다.

이는 국민의 기본권 침해로 이어질 수 있고요.

2019년 10월, 싱가포르는 가짜 뉴스 규제법인 '온라인상 허위정보 및 조작방지법'(Protection from Online Falsehoods and Manipulation Act, POFMA)을 도입했습니다. 이에 따라 싱가포르에서는 정부가 악의적이고 반공익적이라고 판단한 게시물에 대해 인터넷 기업이나 미디어 기업에 삭제 명령을 내릴 수 있습니다. 명령을 따르지 않은 기업은 최대 100만 싱가포르 달러(약 8억 7,000만 원)의 벌금을 물어야 합니다. 그런데 법 제정 이후 한 달 사이에 적용한 4건의 사례들은 모두 정부에 비판적인 인사들과 야당의 SNS 게시글이었습니다.

모든 가짜 뉴스를 규제하는 것은 현실적이지 않을뿐더러 바람직하지도 않습니다. 가짜 뉴스에 대한 우려로 인해 스마트폰과 소셜미디어 사용을 금지하는 것은 극도로 비현실적이며, 이는 교통사고를 예방하기 위해 자동차를 타지 말자는 주장과 같이 황당합니다. 따라서 규제를 도입한다면 그 범위는 되도록 좁혀야 합니다. 이를테면 사회적 약자와 소수자에 대한 혐오를 부추기는 가짜 뉴스에 대한 규제를 고려할 수 있겠습니다. 피해자를 특정하기 어려운 소수 집단에 대한 혐오 표현의 경우, 사회에 해악을 끼치는 가짜 뉴스임에도 현재 법으로는 규제할 방법이 없습니다.

가짜 뉴스 규제는 크게 세 가지 원칙에 따라 이뤄져야 합니다. 첫째, 국가의 직접적인 개입은 최소화해야 합니다. 둘째, 공인(公人) 및 권력기관을 향한 가짜 뉴스의 규제는 엄격하지 않아도 됩니다. 셋째, 사회적 약자와 소수자를 대상으로 하는 가짜 뉴스는 엄격히 규제되어야 합니다. 독일의 '네트워크 법집행법'은 반헌법적인 프로파간다, 인종 혐오, 나치 찬양 등 22개 불법 내용물을 정해 놓고 삭제 조치합니다.

◦ 앙겔라 메르켈은 누구일까?

동독의 물리학자로 활동했던 메르켈은 독일 통일 과정에서 정치에 참여하기 시작했으며 2005년 독일 최초의 여성 총리가 되었다. 뛰어난 리더십으로 독일의 경제 발전과 정치적 안정을 이루어 냈고, 국제 현안에서도 훌륭한 영향력을 펼쳐 보이며 4번 연임에 성공하여 2021년 12월까지 16년간 연방총리로 재임했다.

유튜브는 책임이 없을까?

한동안 온라인을 떠들썩하게 만든 지구 평면설은 지구가 둥근 공 모양이 아니라, 평평한 원반 형태로 되어 있다는 주장입니다. 유튜브를 통해 널리 퍼진 대표적인 허위 정보입니다. 유사 과학이라 하기에도 민망할 정도로 황당한 주장이지만, 시간이 지날수록 널리 퍼졌습니다. '평평한 지구학회'(Flat Earth Society)는 회원이 10만 명을 넘기도 했습니다. 2019년 미국 텍사스 공과대 애슐리 랜드럼 심리학 교수는 유튜브가 지구 평면설을 믿는 사람들이 갑자기 늘어난 배경이라는 연구 결과를 발표했습니다. 지구 평면설이 진실인 것처럼 그럴듯하게 제작한 유튜브 영상을 시청한 후에 이를 사실로 믿게 된 사람들이 많답니다. 가짜 뉴스의 가장 큰 피해자는 정치가 아니라 과학이라는 견해가 있습니다.

유튜브의 방치, 가짜 뉴스의 온상이 되다

유튜버는 채널 구독자 수와 동영상 조회 수가 높을수록 더 많은 돈을 벌 수 있습니다. 많은 수익을 올리려는 욕심에 자극적인 내용과 섬네일(thumbnail, 엄지손톱이란 뜻으로 그래픽 파일의 이미지를 소형화한 데이터를 가리킴)을 아무렇지 않게 활용합니다.

그러다 보니 유튜버는 거짓 정보를 진짜인 것처럼 그럴듯하게 만들고 싶은 유혹에 흔들리기 쉽습니다. 유튜브가 방치한 측면이 큽니다. 정보의 품질이나 진위를 따지지 않고 오로지 덩치를 키우는 데만 골몰해 온 소셜미디어 플랫폼은 가짜 뉴스를 퍼뜨리기에 더없이 좋은 여건입니다.

앞서 살펴봤듯 이용자의 체류 시간이 길어질수록 플랫폼 기업 입장에서는 이익입니다. 이용자가 더 오래 머물면 광고 수입이 늘어나거든요. 더 오래 머물면 더 많은 영상을 시청하게 되고, 이는 광고를 더 본다는 뜻입니다. 당연히 광고 수익도 늘어나겠죠. 그래서 플랫폼 기업은 이용자의 취향에 맞는 동영상(유튜브)이나 게시물(페이스북)을 연결해 주는 데 최선을 다합니다.

유튜브는 동영상 시청이 완료되면 유사 콘텐츠를 자동 추천하거나 재생합니다. 예를 들어 지구평면설 신봉자들은 대부분 1969년 아폴로 11호가 성공해 낸 인류 최초의 달 착륙, 2001년 미국에서 일어난 연쇄 테러 공격인 9·11 테러 등을 둘러싼 음모론 영상 역시 봤다고 합니다.

유튜브가 가짜 뉴스의 온상이 됨에 따라, 유튜브의 영상 추천 알고리즘이 비판받고 있습니다. 수익 극대화를 위해 설계된 알고리즘은 이미 살펴본 것처럼 필터 버블을 강화합니다. 추천 알고리즘에 의존할수록 비눗방울 속에 갇힌 것처럼 객관적인 인식에서 멀어집니다.

추천 알고리즘 탓에 어쩌다 한번 가짜 뉴스를 접하면, 그와 유사한 내용을 계속해서 추천받을 가능성이 큽니다. 자기 생각을 뒷받침하는 정보만 접하면서 '역시 내 생각이 틀리지 않았어!' 하고 자신하게 되지요. 이런 상황에서 비판적 사고력과 균형 잡힌 시각이 부족한 이용자는 가짜를 진짜라고 믿기 십상입니다.

유튜브는 허위 조작 정보를 막기 위해 노란 딱지를 붙이고 있습니다. 그런데 노란 딱지가 큰 효과를 거두지 못하는 것 같습니다. 슈퍼챗이라는 우회로는 앞에서 설명했죠?

게다가 노란 딱지가 붙는다 해도 수익이 배분되지 않을 뿐, 콘텐츠를 이용하고 공유하는 데는 아무 제한이 없습니다. 따라서 돈과 상관없이 정치적 선동이나 가짜 뉴스 유포 자체가 목적이라면 노란 딱지는 효력을 잃게 됩니다.

유튜브와 페이스북은 논란이 될 만한 콘텐츠에 대해 '관련 정보

이대로 속고만 살 수 없다

패널'을 제공합니다. 가령 '5·18 민주화 운동', '세월호 참사' 등 가짜 뉴스가 많이 유포되는 키워드를 검색하면 영상 아래쪽에 위키피디아 사전 정보를 제공해 이용자의 판단을 돕는다는 거죠.

그러나 이런 조치가 예상 밖의 결과를 가져오기도 합니다. 예를 들어, 2019년 4월 프랑스 노트르담대성당 화재 실시간 영상 하단에 정보 패널이 달렸는데, 그 내용이 9·11 테러를 설명하는 브리태니커사전의 설명과 링크였습니다. 그러자 대성당 화재와 무슬림이 관련 있다는 음모론이 SNS를 타고 빠르게 퍼졌습니다. 가짜 뉴스를 막기 위해 도입한 방법이 오히려 가짜 뉴스를 부추긴 셈이죠.

유튜브는 언론일까?

가짜 뉴스와 관련해서 더 적극적인 대응이 필요합니다. 가짜 뉴스 콘텐츠를 삭제하거나 일시적으로 차단하는 등의 방법을 통해 가짜 뉴스 확산을 막을 수 있겠습니다.

그러나 자율 규제는 '자율'에 방점이 찍혀 있다는 점을 잊어선 안 됩니다. 최근 들어 플랫폼 기업에 대한 사회적 압박이 커지고 있지만, 이윤을 추구하는 사기업에 공적 책임을 부과하는 것에는 한계가 있습니다. 더군다나 유튜브는 언론도 아닙니다.

여기서 한 가지 의문이 생깁니다. 유튜브는 단지 사기업에 불과할까요? 유튜브를 통해 뉴스를 이용하는 사람이 늘고 있는 현실이 그러한 의문을 증폭시킵니다. 2022년 영국 로이터저널리즘연구소의 조사에 따르면 한국에서 유튜브를 통해 뉴스를 이용하는 비율은 전체의 44퍼센트로, 조사 대상 46개국 평균인 30퍼센트에 비해 훨씬 높았습니다. 그러나 전통적인 의미에서 유튜브는 언론사가 아니라 동영상 유통 플랫폼에 불과하지요. 언론사는 취재 활동을 통해 뉴스 콘텐츠를 생산하고 유통하는 서비스 사업자입니다. 반면에 유튜브는 뉴스를 직접 만들지 않습니다. 페이스북이나 카카오톡 같은 소셜미디어도 마찬가지입니다. 영향력 있는 뉴스 유통 통로지만 뉴스를 제작하지는 않죠.

그러나 유튜브를 언론으로 생각하는 사람들이 점점 늘어나고 있습니다. 한국언론진흥재단의 2019년 언론 수용자 조사에서, 연구진은 응답자들에게 "당신은 동영상 플랫폼을 언론이라고 생각하십니까, 아니라고 생각하십니까?"라고 물었습니다. 응답자 중 28.6퍼센트가 그렇다고 답했습니다. 특히 20대는 39.7퍼센트가, 30대는 36.1퍼센트가 유튜브 같은 온라인 동영상 플랫폼을 언론으로 생각했습니다.

참고로 카카오톡 같은 메신저 서비스를 언론이라고 생각한다는 답은 24.6퍼센트, 페이스북 등 SNS를 언론으로 생각한다는 답은

21.8퍼센트로 나타났습니다.

게다가 최근 들어 유튜브의 미디어 신뢰도와 영향력이 갈수록 커지고 있습니다. KBS가 발표한 '2020년 3분기 미디어 신뢰도 조사'에 따르면, 신뢰하는 언론 매체 중에서 유튜브는 5위를 차지했습니다. 상위권을 차지한 KBS, MBC, JTBC, TV조선에 이은 순위였습니다. 뉴스 채널인 YTN보다도 앞선 결과였죠. 이제는 유튜브로 궁금증을 해결하는 시대를 넘어 유튜브의 콘텐츠와 정보를 믿고 활용하는 시대가 된 것입니다.

그러나 유튜브는 법적 규제뿐 아니라 언론이 스스로 정해 놓은 '보도 준칙'도 따를 필요가 없습니다. 한국기자협회는 기자 윤리 강령을 비롯해 여러 보도 기준을 마련했습니다. 인권 보도 준칙, 재난 보도 준칙, 자살 보도 윤리 강령, 성폭력 범죄 보도 세부 권고 기준 등이 그것입니다. 이런 세부 보도 기준은 언론이 책임을 다하고 헌법이 정한 국민의 기본권을 보호하기 위해 만들어졌습니다. 그러나 유튜브는 이런 보도 준칙을 지키지 않아도 됩니다. 언론이 아니기 때문입니다.

노란 딱지와 정보 패널 제공 같은 조치로는 넘쳐 나는 가짜 뉴스를 막을 수 없습니다. 가짜 뉴스의 생산에 기존 언론의 책임이 크다면, 생산된 가짜 뉴스를 퍼뜨리는 통로인 미디어 플랫폼도 책임이 무겁습니다.

법적으로 유튜브가 언론이 아니라고 하더라도, 많은 사람이 언론으로 여기는 만큼 유튜브의 책임은 가볍지 않습니다. 유튜브를 언론으로 생각하는 사람이 많아질수록 유튜브의 영향력은 커질 것입니다. 소셜미디어 기업들의 자율적인 규제 노력이 더욱 절실한 이유입니다.

○ 한국인은 한 달에 유튜브를 얼마나 볼까?

모바일 빅데이터 분석 플랫폼 모바일인덱스가 2022년 10월 발표한 바에 따르면, 한국인 1인당 유튜브 평균 사용 시간은 한 달 기준으로 33시간이었고, 유튜브 사용 시간이 가장 긴 이용자는 10대 이하 남성이고 45.2시간으로 나타났다. 요일별 사용 시간 분석 결과, 일요일이 가장 길었고 목요일이 가장 짧았다.

이대로 속고만 살 수 없다

언론사가 스스로 해결할 방법은 없을까?

2020년 3월 세계보건기구(WHO)가 코로나19에 대해 세계적 대유행을 뜻하는 '팬데믹'(pandemic)을 선언했습니다. 세계 각국이 백신 개발에 박차를 가하며 코로나19 확산을 막기 위해 애썼으나, 초유의 사태에 많은 사람이 공포에 휩싸였습니다.

이런 불안감 속에서 혈액형 A형이 코로나19 바이러스 감염에 가장 취약하고 O형이 상대적으로 강하다는 주장이 인터넷에서 빠르게 확산됐습니다. A형이라서 걱정된다는 반응이 많았습니다. 그런데 혈액형과 코로나19 감염의 관계는 지어낸 이야기가 아니었습니다.

효과적인 무기, 팩트체크

이 주장은 중국 연구진이 의학 논문 사전 공개 사이트인 메드아카이브(medRxiv.org)에 올린 연구 보고서에서 시작됐습니다. 논문 사전 공개 사이트는 진행 중인 연구를 공개해 동료 연구자들의 의견을 구하는 곳입니다. 다른 연구자들의 반응을 살피고 연구의 미비점을 파악하게 되지요. 이런 이유로 논문 사전 공개 사이트에 올라온 보고서는 정식 논문으로 인정되지 않습니다.

그런 연구 결과를 여러 언론이 '검증된 정식 이론'인 양 성급하게 보도했습니다. 조금만 확인해 봐도 정식 논문이 아니라는 사실을 알 수 있지만, 사실 확인을 제대로 거치지 않은 탓입니다. 해외의 연구 결과를 검증 없이 받아쓰는 관행은 어제오늘의 일이 아닙니다. 문제를 지적하는 목소리가 오래전부터 있어 왔지만, 자극적인 제목으로 보도할 만하다 싶으면 일단 기사화하는 관행은 그대로입니다.

이와 같은 문제를 해결하려면 어떻게 해야 할까요? 가짜 뉴스와 표현의 자유의 조화를 모색하는 관점에서 법적·제도적 규율 방안을 찾고, 표현에 대한 위축 효과를 우려해 법률로 직접 규제하기보다 자율적 방법을 모색할 수 있습니다. 미디어의 자율 규제, 언론의 팩트체크 등과 같이 미디어가 스스로 할 수 있는 방법과 미디어 리터러시(media literacy) 같은 교육적 방법이 주로 논의되고 있습니다.

소셜미디어에서 파급력을 키워 가는 가짜 뉴스에 대항해 언론은 두 방향에서 대응하고 있습니다. 첫 번째는 사실 확인이라는 저널리즘 본연의 가치에 집중하는 팩트체크이고, 두 번째는 가짜 뉴스의 뿌리를 찾아 밝히는 것입니다. 팩트체크와 가짜 뉴스 유래 추적은 가짜 뉴스에 맞서 기자들이 꺼내 든 무기입니다.

최근 여러 언론사가 의심스러운 주장이나 정보에 대해서 진실 여부를 파헤쳐 보도하는 '팩트체크' 코너를 운영하고 있습니다. 팩트체크는 정보의 사실 여부를 추적해 밝혀내는 일입니다. 대상과 이해관계가 없을 것, 공적 관심사만 대상으로 할 것, 실증적이고 공개 가능한 증거로 검증할 것 등 몇 가지 원칙이 있습니다. 서울대 언론정보연구소에서 운영하는 팩트체크 사이트(factcheck.snu.ac.kr)에는 각 언론이 팩트체크한 보도들을 모아 놓았습니다.

언론사에서 하는 팩트체크는 내부 팩트체크와 외부 팩트체크로 나뉩니다. 내부 팩트체크는 기사에 틀린 내용이 없는지 검증하는 것이고, 외부 팩트체크는 정치인 등 공인의 발언이나 세간의 루머 등을 검증하는 것입니다. 그런데 한국에는 별도의 팩트체크 팀을 둔 언론사가 없습니다. JTBC, KBS 등 일부 언론사가 팩트체크 전문 기자를 두고 팩트체크 기사를 생산하는 정도입니다. 반면에 해외의 주요 언론사들은 별도의 내부 팩트체크 팀을 두고 있습니다. 독일의 시사 주간지 《슈피겔》은 수십 명의 전문가가 기사의 내용과 수치 등을 검증합니다. 프랑스에서는 '크로스체크'라는 이름으로 여러 언론사가 함께 머리를 맞대고 팩트체크 기사를 쓰기도 하고요.

팩트체크는 언론사가 가짜 뉴스에 대응할 수 있는, 몇 안 되는 효과적인 무기입니다. 기자들이 가짜 뉴스가 널리 퍼지기 전에 빠르게 팩트체크를 하면 가짜 뉴스 확산을 저지할 수 있습니다. 앞으로 팩트체크의 중요성은 더욱 커질 것입니다. 정보량이 폭발적으로 늘어난 탓에 많은 사람이 상시적으로 정보 과부하에 시달리고 있기 때문입니다. 진실과 거짓을 쉽게 구분하기 어려운 상황이지요.

팩트체크에도 한계가 있다

어느 언론사에서 '팩트체크'라는 제목을 달아서 내보낸 기사에 연예인에 대한 신변잡기만 가득한 적이 있었습니다. 이는 팩트체크를 내세운 어뷰징이었습니다. 팩트체크가 양적으로는 증가했지만 질적으로는 여전히 부족하다는 지적을 받습니다. 팩트체크의 부정확성, 아이템 선정의 정파성 등이 문제로 주로 지적됩니다. 이러한 문제점 때문에 팩트체크 기사 역시 팩트체크가 필요하다는 지적이 나오고 있습니다.

근거를 분명히 제시하지 못한 팩트체크 기사들이 있습니다. 통계의 경우, 대상과 기간을 어떻게 설정하느냐에 따라 상반된 결과가 나올 수 있습니다. 대상 선정도 문제입니다. 팩트체크 기사는 검증 대상이 명확해야 합니다. 어떤 주장의 근거가 팩트인지 검증할 수 있지만, 단순 전망이나 예측은 애초에 검증이 불가능합니다. 그러나 우리 언론은 검증이 어려운 사안조차 팩트체크 대상으로 삼기도 합니다. 검증할 수 없는 것을 검증하려다 보면 주관이 끼어들게 됩니다. 결국 정파적 입장에 따라 팩트체크가 왜곡될 가능성이 크지요. 이러한 상황에서는 팩트체크를 무조건 신뢰하기 어렵습니다.

팩트체크의 주체는 주로 언론입니다. 그런데 언론에 대한 신뢰도가 낮다면 팩트체크에 대한 신뢰도는 어떻게 될까요? 신뢰도가 떨어지는 언론사가 팩트체크를 한다면 사람들이 믿어 줄까요? 가짜 뉴스를 몰아내려면 팩트체크가 필요하지만, 역설적이게도 가짜 뉴스가 확산된 배경에 언론에 대한 낮은 신뢰도가 자리 잡고 있습니다. 언론에 대한 신뢰도가 낮을수록 팩트체크에 대한 신뢰도도 떨어질 수밖에 없습니다.

팩트체크를 거친 결과가 진짜 팩트인지 장담하기 어렵습니다. 앞에서 살펴본 것처럼 우리 언론은 어뷰징, 광고성 기사, 의도적 누락 등 여러 문제점을 보여 줍니다. 언론이 기사를 가지고 장난을 칠 수 있다면 팩트체크 역시 그런 장난에서 안전하지 않을 테죠. 만약 팩트체크와 팩트체크가 충돌한다면 그땐 어떻게 할까요? 팩트체크를 팩트체크할 제3의 기관이 있어야 할 것 같습니다. 결국 팩트체크를 정확히 읽어 낼 힘이 필요합니다.

언론사들이 자발적으로 진실을 찾아내려고 힘쓰는 것은 긍정적입니다. 이런 움직임이 점점 더 확대되는 것도 긍정적이고요. 이런 노력은 의미가 있지만, 가짜 뉴스에 대한 근본적인 대안이 될 수는 없습니다. 팩트체크는 어디까지나 사후적인 조치에 그칩니다. 가짜 뉴스가 퍼질 대로 퍼져서 사람들의 생각을 왜곡한 후에 팩트체크로 진실을 알려 준다 한들 사후 약방문에 지나지 않습니다.

가짜 뉴스를 막을 방법이 마땅치 않아 보이지만, 어쩌면 해답은 의외로 간단할지 모릅니다. 언론이 신뢰를 회복하고 진짜 뉴스가 제 역할을 제대로 한다면, 가짜 뉴스는 힘을 잃습니다. 팩트체크 이전에 언론이 신뢰를 회복할 방법부터 찾아야 해요. 언론이 정치권력과 자본 권력으로부터 독립하고 정파적 입장을 버려야 합니다.

◦ **팩트체크를 위한 국제적 협력이 가능할까?**

글로벌팩트는 허위 정보 확산에 어떻게 대응할지 논의하는 국제회의다. 전 세계 팩트체커, 언론인, 학자, 빅테크 기업 관계자 등 수백 명이 한자리에 모인다. 글로벌팩트10은 2023년 6월에 아시아 최초로 서울에서 개최되었다.

가짜 뉴스에 휘둘리지 않으려면 어떻게 해야 할까?

　　많은 사람들이 지적하듯 허위 조작 정보 문제는 새롭게 생겨난 현상이 아닙니다. 가짜 뉴스는 활판인쇄술이 퍼지기 시작한 구텐베르크 시대부터 있었습니다. 1609년 프랑스의 스트라스부르에서 발행된 최초의 신문에 이미 가짜 뉴스가 실렸다고 알려져 있습니다.

　　철학자 리 매킨타이어도 가짜 뉴스는 새롭게 등장한 현상이 아니라, 뉴스라는 개념이 탄생한 순간부터 늘 존재했다고 설명합니다. 심지어 『사피엔스 Sapiens: A Brief History of Humankind』(2011)를 쓴 역사학자 유발 하라리는 인류는 처음부터 허구 속에서 살아왔다고 주장합니다.

가짜 뉴스 백신, 미디어 리터러시

유발 하라리에 따르면 유사 이래 인류는 허구의 이야기를 만들어 협력을 강화해 왔습니다. 종교, 화폐, 국가, 민족, 이념 등과 같은 개념이 모두 허구에 속하지요. 유발 하라리는 "좋든 나쁘든 허구는 인류가 가진 도구 중에서 가장 효과적인 것에 속한다."라고 말합니다.

그렇기 때문에 가짜 뉴스를 완전히 근절할 수는 없습니다. 뉴스가 있는 곳이라면 반드시 가짜 뉴스도 있기 마련입니다. 가짜 뉴스는 스스로 '가짜'라고 말하지 않습니다. 오히려 진짜보다 더 진짜처럼 보이려고 하죠. 많은 사람이 두 눈 멀쩡히 뜨고 당하는 이유입니다. 일반인이 가짜 뉴스를 잡아내기란 쉽지 않습니다.

앞서 살펴본 법적 규제와 자율 규제는 모두 한계를 안고 있습니다. 법적 규제는 헌법이 금지한 사전 검열의 문제와 가짜 뉴스의 정의, 판단 주체의 문제가 있습니다.

자율 규제는 생산되는 모든 콘텐츠를 필터링하는 것의 현실적·물리적 한계가 있습니다. 팩트체크 역시 사후적 조치라는 한계를 안고 있죠. 법적 규제든 자율 규제든 규제만으로 가짜 뉴스를 전부 차단할 수 없습니다.

그렇다면 남은 해법은 무엇일까요? 소비 단계에서 가짜 뉴스를 차단하는 방법입니다. 가짜 뉴스가 아무리 많이 생산돼도 그것이 퍼지지 않으면 그만입니다. 보고 듣고 옮기지 않는다면 가짜 뉴스는 퍼지지 못하고 사라질 것입니다.

따라서 가짜 뉴스를 뿌리 뽑으려는 노력보다 뉴스를 비판적으로 보는 안목이 더 중요합니다. 보이는 대로 믿지 않고, 사실인지 아닌지 믿을 만한지 아닌지 등을 꼼꼼히 따져 보는 안목 말입니다. 정보와 뉴스가 넘쳐 나는 시대에는 허위 정보와 가짜 뉴스를 가려내는 능력이 필수적입니다.

이를 '미디어 리터러시'라고 합니다. 리터러시는 문해력(文解力), 곧 글을 읽고 이해할 수 있는 능력을 가리킵니다. 미디어 리터러시란 미디어 이용자가 정보를 주체적으로 판단하고 평가하는 능력입니다. 미디어 리터러시를 갖춘다면 기존 언론뿐만 아니라 SNS, 유튜브 같은 소셜미디어에서 접하는 다양한 정보를 냉철하게 판단할수 있으니 가짜 뉴스에 잘 속지 않겠죠. 비판적 뉴스 읽기를 할 수 있는 능력, 즉 미디어 리터러시가 중요한 이유입니다.

미디어 리터러시는 개인적 노력으로도 어느 정도 습득할 수 있지만, 공교육 과정에서 학습하면 사회 전체로 봤을 때 훨씬 효율적입니다.

2018년 국제학업성취도평가(PISA)에서 한국 학생들이 '사실과 의견을 식별하는 능력'에서 최하위를 기록했습니다. OECD 회원국 평균 식별률이 47퍼센트인데, 우리는 25.6퍼센트에 그쳤습니다. 사실과 의견을 구분하지 못한다는 것은 기본적인 리터러시 능력이 떨어진다는 것입니다. 당연히 미디어 리터러시도 취약할 수밖에 없죠.

게다가 하루에도 엄청난 양의 정보가 쏟아지다 보니, 젊은 세대는 스마트폰이나 모니터 속 내용을 훑어보거나 건너뛰거나 대충 읽는 것에 너무도 익숙합니다. 지금처럼 긴 글을 읽는 게 어려워진 시대에는 더욱더 그렇지요.

미국 청소년들 사이에 유행하는 말 중에 'tl;dr'라는 표현이 있습니다. 'too long; didn't read'를 줄인 말인데, 너무 길어서 읽지 않았다는 뜻입니다. 국가를 막론하고 영상과 이미지에 익숙한 젊은 세대가 길고 복잡한 문장보다는 짧고 단순한 문장을 선호한다는 걸 보여 주는 표현입니다.

가짜 뉴스에 속지 않으려면

가짜 뉴스가 마구 쏟아지는 시대입니다. 가짜 뉴스를 가려내는 힘이 무엇보다 중요합니다. 가짜 뉴스를 가려내는 힘은 '깊이 읽기'와 '비판적 읽기'로부터 나옵니다. 뉴스를 대충 훑어보지 말고 차분히 읽으면서 정보 속에 담긴 근거가 사실에 바탕을 두고 있는지, 타당한지 따져 보는 것입니다.

물론 쉬운 일은 아닙니다. 국제도서관협회연맹(IFLA)은 가짜 뉴스를 확인하는 여덟 가지 방법을 소개하고 있습니다. 그 방법은 출처 확인하기, 작성자 확인하기, 날짜 확인하기, 근거 확인하기, 본문 전체 읽기 등입니다.

가장 중요한 것은 출처 확인입니다. 공인된 기관을 사칭하거나 이름을 유사하게 만들어서 가짜 뉴스를 유포하는 경우가 많거든요. 작성자가 표기되어 있다면 그 사람이 실재하는 인물인지, 과거에 어떤 글을 게시했는지 확인해 볼 필요가 있습니다. 작성자를 알 수 없다면 해당 정보를 신뢰하기 어렵습니다. 해당 정보의 세부 내용이 언제, 어디에서 만들어진 것인지도 확인해 보면 좋습니다. 가령 사진, 동영상 등에서 사건 발생 시간, 장소 등을 분명히 알기 어렵다면 정보의 진실성을 의심할 필요가 있습니다. 과거에 다른 곳에서 벌어진 일을 지금 여기에서 벌어지고 있는 일처럼 조작하는 경우도 많거든요.

제대로 된 뉴스라면 명확한 근거를 제시합니다. 앞에서도 살펴봤지만, '2004년에 5·18 유공자의 자녀들이 8~9급 공무원 시험에서 80퍼센트 이상 싹쓸이 합격했다'는 가짜 뉴스가 있었습니다. 그러나 여기에는 어떤 근거도 자료도 제시되지 않았습니다.

진짜 뉴스라면 '2004년 행정자치부 공무원 임용 결과'에 대한 보도 자료 등 구체적 출처나 통계가 뒷받침돼야 합니다. 당연히 제시된 통계는 일반에 공개된 것으로 누구나 확인할 수 있어야 하지요.

　뉴스 하나로 다 판단하지 말고 먼저 근거를 확인해 보고 다른 매체도 확인해 볼 필요가 있습니다. 신뢰하는 언론 매체를 두세 곳 찾아보면 좋습니다.

　가짜 뉴스의 특징은 자극적이라는 점입니다. 정보가 과도한 불안이나 공포를 불러일으키거나 특정 대상에 대한 분노, 공격성을 띠고 있다면 의심할 만합니다. 해당 정보가 사실을 정확히 전달하기보다 내게서 특정 감정과 반응을 끌어내기 위한 것은 아닌지 의심해 봐야 합니다. 가짜 뉴스들은 공격 대상의 신뢰를 떨어뜨리기 위해 이런 감정을 부추기거든요. 제목부터 '충격', '경악', '격분' 등의 감정적이고 극단적인 표현이 등장하면 주의할 필요가 있습니다. 좋은 뉴스는 감정적인 표현 대신 기사 내용을 충실하게 요약하는 제목을 선호합니다.

　진짜 뉴스와 가짜 뉴스 사이에는 자격 미달 뉴스도 존재합니다. 미디어 리터러시 교육에서 가짜 뉴스를 가려내는 능력만큼 중요한 것이 자격 미달 뉴스를 구별하는 능력입니다. 자격 미달 뉴스는 의도적인 허위 조작은 아니지만 진짜 뉴스에 미치지 못하는 뉴스입니다. 클릭을 유도하는 어뷰징, 기사 형식을 취한 광고성 기사, 정치적 목적에서 사실을 의도적으로 비틀고 누락한 기사, 취재원을 밝히지 않고 '알려졌다', '전해졌다' 등만 남발하는 기사 등이 대표적입니다.

뉴스를 비판적으로 읽어 가짜 뉴스와 자격 미달 뉴스를 가려낼 수 있다면 훌륭한 미디어 리터러시를 갖췄다고 볼 수 있습니다.

◦ 구텐베르크는 누구일까?

구텐베르크는 15세기 신성로마제국 출신의 세공업자이자 인쇄업자다. 그가 고안한 인쇄기는 유럽 문화사에서 혁명적인 발명품으로 뽑힌다. 구텐베르크 인쇄기 덕분에 지식과 정보가 전례 없이 빠르고 넓게 퍼져 나갔고, 유럽 사회는 새로운 변화를 맞이했다. 한편, 노골적인 비방과 선동, 근거 없는 소문, 유언비어 등도 날개 돋친 듯 퍼져 나가 가짜 뉴스가 만연하게 되었다.

비판적 사고가 필요하다고?

'우리나라 국민들은 인터넷 거품 속에서 생활하고, 주로 자신과 비슷한 사람들과 관계하며, 자신이 이미 동의한 의견을 찾습니다.'에 대한 동의 여부를 질문한 결과, 한국 응답자의 66퍼센트(비교: 글로벌 전체 비율 65퍼센트)가 동의한다고 응답했습니다. 반면에 '나는 인터넷 거품 속에서 생활하고, 주로 자신과 비슷한 사람들과 관계하며, 내가 이미 동의한 의견을 찾습니다.'에 대해서는 한국 응답자의 44퍼센트(비교: 글로벌 전체 비율 34퍼센트)가 동의한다고 답했습니다. 2018년 글로벌 여론조사 기관 입소스(Ipsos)가 조사한 내용입니다. 많은 사람이 자신은 가짜 뉴스에 잘 속지 않고 인터넷 거품 속에서도 살고 있지 않다고 생각하는 반면, 다른 사람들은 대체로 그렇다고 생각하는 것입니다.

이대로 속고만 살 수 없다

프레임 바깥의 세상
- - - - - - - - - - - - - -

그야말로 정보 홍수의 시대, 정보가 흘러넘칩니다. TMI(Too Much Information)라는 말도 생겨났죠. 과거에는 상상할 수 없을 만큼 정보에 대한 접근성도 높아졌습니다. 집에 앉아서 수많은 정보에 접근할 수 있습니다. 그런데 정보가 넘치는 시대에 믿을 만한 정보는 오히려 줄어든 게 아닐까요? "홍수가 나면 물이 귀하다."라는 말이 있습니다. 정보가 넘치는 시대에 믿을 만한 정보는 줄어드는 지금의 아이러니한 상황이 그 말과 다르지 않습니다.

이러한 문제를 데이터 스모그(data smog)라고 합니다. 너무 많은 정보와 편향된 정보 속에서 균형을 잡기 어려운 상황을 가리키는 말입니다. 이에 대응하여 영국의 진보 일간지 《가디언》은 '당신의 거품을 터뜨려라'(burst your bubble)라는 제목의 섹션을 만들었습니다. 균형 잡힌 시각을 위해 읽을 가치가 있는 보수 신문의 기사들을 매주 올리고 있습니다. 진보적인 신문만 읽지 말고 다른 시각도 접해 균형을 잡으라는 겁니다.

사진 한 장을 같이 살펴볼까요? 두 명의 미국인 병사가 아랍 병사를 포로로 잡은 현장 사진입니다. 가운데 사진이 원본입니다. 왼쪽은 아랍의 알자지라 방송사가 내보낸 사진이고, 오른쪽은 미국의 CNN이 내보낸 사진입니다. 알자지라는 미군이 포로의 목을 꺾고

총구까지 겨누는 잔인한 모습으로, CNN은 포로에게 수통의 물을 먹여 주는 인도적인 모습으로 보여 줍니다.

알자지라 보도 사진   원본 사진   CNN 보도 사진

　흔히들 언론을 '세상을 향한 창'이라고 부릅니다. 언론은 우리에게 세상에서 벌어지는 일을 보여 줍니다. 그런데 어떤 틀로 보여 주는지에 따라 우리는 완전히 다른 세상을 볼 수도 있습니다. 정치 뉴스, 경제 뉴스, 노사 갈등, 외교 문제 등 모든 사안에 언론이 설정한 틀(프레임)이 작용합니다. 우리가 언론을 통해 만나는 세상은 있는 그대로의 세상이 아니라 프레임에 갇힌 세상의 일부입니다. 세상을 총체적으로 보려면 다양한 관점을 접할 필요가 있습니다.

　지금처럼 정보가 차고 넘치는 시대에 학교에서 '더 많은 정보'를 주입하는 교육이 의미가 있을까요? 저명한 역사학자 유발 하라리도 비슷한 주장을 폅니다. 유발 하라리는 『21세기를 위한 21가지 제 언 21 Lessons for the 21st Century 』(2018)에서 학교에서 가르치는 것 중에서 '더 많은 정보'가 가장 무용하다고 지적합니다. 학교에서 따로 가르치지 않아도 정보는 차고 넘치기 때문입니다.

흘러넘치는 정보들 가운데 진실과 거짓, 중요한 것과 중요하지 않은 것을 가려내는 안목과 능력이 필요합니다. 이런 능력을 한마 디로 '비판적 사고력'이라고 부릅니다. "교육은 거짓과 참을 분간하 고, 허위와 사실을 판별할 수 있는 능력을 길러 주어야 한다. 교육의 기능은 학생들이 비판적으로 생각하도록 가르치는 것이다." 미국의 인권 운동가 마틴 루서 킹이 남긴 말입니다.

가짜가 넘치는 세상, 비판적 사고가 필요해

비판적 사고력의 핵심은 따져 묻는 것입니다. 한마디로 의심하는 거죠. 가짜 뉴스가 활개 치게 만드는 것은 의심하지 않는 태도 때문 입니다. 가짜 뉴스를 대하는 우리의 자세에서 핵심은 '의심하고 따 져 보고 검색하라'입니다. 누군가 반복적인 주장을 하는데 그 진실 성이 의심스럽다면 그것과 반대되는 주장의 근거를 찾아볼 필요가 있습니다.

모든 것이 의심의 대상입니다. 어떤 정보도 완벽하지 않다는 점에서 모든 정보는 의심의 대상이 됩니다. 특히 주장과 근거를 구분해서 근거를 의심해 봐야 합니다. 어떤 주장이든 맞을 수도 있고 틀릴 수도 있습니다. 주장의 맞고 틀림은 주장 그 자체에서 오는 게 아니라 주장을 뒷받침하는 근거에서 옵니다. 따라서 근거의 타당성을 따지는 게 필수입니다.

의심의 대상에는 경험도 포함됩니다. 우리는 어떤 정보를 신뢰할 만한 것으로 판단할 때 자기 경험을 근거로 사용하기도 합니다. 커피에 설탕을 넣고 마시면 답니다. 같은 커피에 소금을 조금 뿌리면 더 달게 느껴집니다. 혀의 착각입니다. 이처럼 감각과 경험이 늘 정확한 것은 아닙니다.

그런데 사람들은 자신이 경험한 사실이나 지인이 경험한 사실을 근거로 판단할 때가 많습니다. '성급한 일반화의 오류'입니다. 과학에서 단 한 번 실험에 성공한 걸로는 가설이 증명됐다고 말하지 않습니다. 거듭된 실험을 통해 재현할 수 있는 경우에만 가설이 증명됩니다. 경험은 중요하지만, 개인적 경험만 가지고 합리적 근거라고 말하기는 어렵습니다. 자기 경험을 의심할 줄 알아야 합니다. 자기 경험에 감춰진 맹점을 볼 수 있다면 '성급한 일반화의 오류'에 빠지지 않습니다.

더 나아가 필자나 화자의 의도 또한 의심해 봐야 합니다. 정보를 만들어 낸 주체는 사람입니다. 사람이 의도를 가지고 정보를 만든다고 본다면, 어떤 정보든 의도가 숨어 있기 마련입니다. 의도를 파악하면 정보가 얼마나 믿을 만한지 평가하는 데 많은 도움이 됩니다. 필자나 화자의 의도를 파악하기 어려울 때 쓸 수 있는 유용한 팁이 있습니다. '그 정보로 누가 어떤 이득을 얻을까'를 생각해 보는 것입니다.

모든 일을 당장 판단할 필요는 없습니다. 어떤 사안에 대해서 정반대의 주장이 팽팽히 맞서는 경우가 있습니다. 아무리 들여다봐도 진실을 파악하기 힘듭니다. 도저히 판단이 서지 않습니다. 이럴 때 성급하게 한쪽 손을 들어 줄 필요는 없습니다. 한쪽 주장을 믿고 누군가를 비난했다가 억울한 피해자가 생겨날 수 있거든요. 이런 경우에는 판단을 보류하는 게 낫습니다. 판단에 도움이 되는 정보를 충분히 확인한 다음에 판단해도 늦지 않습니다. 때로는 판단을 보류하는 지혜가 필요합니다.

우리에게는 의심할 권리가 있습니다. 무엇이라도 의심할 수 있습니다. 그런데 의심은 권리이자 의무이기도 합니다. 의심 없이 무심코 퍼트린 가짜 뉴스가 누군가에게 큰 피해를 줄 수도 있기 때문입니다. 내가 의도하지 않았다 하더라도 다른 사람에게 피해를 줄 수 있다는 점을 생각하면 의심은 의무가 될 수밖에 없습니다. 마지막으로 시인 베르톨트 브레히트의 「의심을 찬양함 Lob des Zweifels」(1938)의 일부를 함께 읽으면서 의심의 중요성을 마음에 새겼으면 합니다.

의심을 품는 것은 찬양받을 일이다! 충고하노니
그대들의 말을 가짜 동전처럼 깨물어 보는 사람을
즐겁게 존경하는 마음으로 환영하라!
그대들이 현명하여 너무 믿을 만한 약속은
하지 않기를 나는 바랐다.

◦ '데이터 스모그'라는 말은 어디에서 유래했을까?

데이터 스모그는 1997년 데이비드 솅크가 쓴 『데이터 스모그Data Smog』에서 유래했다. 인터넷의 급속한 발달로 쏟아져 나오는 많은 정보 중 필요 없는 쓰레기 정보나 허위 정보가 마치 대기오염의 주범인 스모그처럼 가상공간을 어지럽힌다는 뜻에서 사용됐다.

이대로 속고만 살 수 없다

인용 출처

1) 강주일 기자, 「'사람고기' 팔다 걸린 호텔 식당 '충격', 주민은 오히려 "그럴 줄…"」, 《스포츠경향》, 2015.05.18. [Online] https://zrr.kr/WqGA

2) 민태원 기자, 「나이지리아의 '인육 레스토랑' 쇼킹…식사하던 목사 "사람고기 일 줄이야"」, 《국민일보》, 2015.05.17. [Online] https://zrr.kr/8PAn

3) 민경진·윤아영 기자, 「강남 아파트 3.3m² 당 '1억 시대'…중개업소 "부동산 천장 뚫린 느낌"」, 《한국경제신문》, 2018.08.21. [Online] https://zrr.kr/Gusp

4) 강나루 기자, 「北서 마약 일상화…주민의 최소 30% 소비」, KBS, 2016.12.01. [Online] https://zrr.kr/0clX

5) 이선아 기자, 「北 인권 단체 "북한 주민들 마약 일상화"」, YTN, 2016.12.01. [Online] https://zrr.kr/s3LM

6) 김정우 기자, 「北 , 마약이 제2의 화폐로」, TV조선, 2014.11.26. [Online] https://zrr.kr/8Kql

7) 이상희 기자, 「전투력 높이려 인민군에게 마약」, 2016.04.25. [Online] https://zrr.kr/T2J6

8) 이명철 기자, 「북한에선 마약이 인기 있는 설 명절 선물」, 자유아시아방송, 2019.02.07. [Online] https://zrr.kr/upZX

9) 김은중 기자, 「뜬금없이 종전 선언 꺼낸 문 대통령, 미국에선 "허상" 지적」, 《조선일보》, 2020.09.23. [Online] https://zrr.kr/Lf9m

도판 출처

29쪽	연합뉴스
50쪽	연합뉴스
56쪽	연합뉴스
62쪽	연합뉴스
76쪽	연합뉴스
94쪽	연합뉴스
133쪽	연합뉴스
141쪽	연합뉴스
146쪽	연합뉴스
153쪽	연합뉴스
175쪽	연합뉴스
214쪽	AP

북트리거 일반 도서

북트리거 청소년 도서

이대로 속고만 살 수 없다

진짜와 가짜를 가려내는 미디어 리터러시

1판 1쇄 발행일 2023년 8월 20일

지은이 박민영 오승현
펴낸이 권준구 | 펴낸곳 (주)지학사
본부장 황홍규 | 편집장 김지영 | 편집 양선화 서동조 김승주
책임편집 김승주 | 교정·교열 김정아 | 표지 디자인 스튜디오 진진 | 본문 디자인 이혜리
마케팅 송성만 손정빈 윤술옥 박주현 | 제작 김현정 이진형 강석준 오지형
등록 2017년 2월 9일(제2017-000034호) | 주소 서울시 마포구 신촌로6길 5
전화 02.330.5265 | 팩스 02.3141.4488 | 이메일 booktrigger@jihak.co.kr
홈페이지 www.jihak.co.kr | 포스트 post.naver.com/booktrigger
페이스북 www.facebook.com/booktrigger | 인스타그램 @booktrigger

ISBN 979-11-89799-99-1 43300

북트리거

트리거(trigger)는 '방아쇠, 계기, 유인, 자극'을 뜻합니다.
북트리거는 나와 사물, 이웃과 세상을 바라보는 시선에 신선한 자극을 주는 책을 펴냅니다.